为世界而创造
李河君
的成功智慧

谢 东◎著

新世界出版社
NEW WORLD PRESS

图书在版编目（CIP）数据

为世界而创造：李河君的成功智慧 / 谢东著. —北京：新世界出版社，2015.6

ISBN 978-7-5104-5335-9

Ⅰ.①为… Ⅱ.①谢… Ⅲ.①李河君－生平事迹②能源工业－工业企业管理－中国 Ⅳ.①K825.38②F426.2

中国版本图书馆CIP数据核字（2015）第099055号

为世界而创造：李河君的成功智慧

作　　者：谢　东
责任编辑：黄晓林　周　珊
责任印制：李一鸣　黄厚清
出版发行：新世界出版社
社　　址：北京市西城区百万庄大街24号（100037）
发行部：（010）6899 5968　　（010）6899 8705（传真）
总编室：（010）6899 5424　　（010）6832 6679（传真）
http://www.nwp.cn
http://www.newworld-press.com
版权部：+86 10 6899 6306
版权部电子信箱：frank@nwp.com.cn
印刷：三河市骏杰印刷有限公司
经销：新华书店
开本：710×1000　　1/16
字数：200千字　　印张：17.5
版次：2015年6月第1版　2015年6月第1次印刷
书号：ISBN 978-7-5104-5335-9
定价：36.80元

版权所有，侵权必究

凡购本社图书，如有缺页、倒页、脱页等印装错误，可随时退换。

客服电话：（010）6899 8638

前言

光伏豪赌：中国人也可以改变世界！

李河君虽然以黑马姿态成为2015年的中国首富，但他在富豪榜上不算生面孔。早在2014年5月6日发布的《新财富》500富人榜上，李河君就以870亿元资产登上榜首。于是有媒体感慨：李河君真是够低调的！其实，熟悉李河君的人都知道他与低调一点都不沾边。李河君拥有两架售价超过3亿元人民币的世界顶级私人飞机：湾流G550——马云与王健林也就各有一架而已。每架飞机在海口机场一年的托管费用就是350万元。

有个细节很有趣：在购买两架湾流G550时，李河君仅仅以600多亿元的身家位列中国富豪榜第四位——似乎他在当时就已经对一年之后赶超其他富豪登顶信心十足，所以用豪购的方式提前为自己加冕。

李河君确有自信的本钱，他的汉能控股集团坐拥14座被他称为"印钞机"的水电站，无论是日常现金流还是危机时的信贷，都为汉能的发展、扩张，甚至是"豪赌"提供了充分的保障。是的，李河君既是一个王者，也是一个"赌徒"。他外表儒雅，但身体里流淌着"赌徒"的血液。纵观汉能的整个发展历程，最重要的是两次"豪赌"：一次是历时10年建成的金安桥水电站，这次李河君"赌对了"；另一次则是薄膜太阳能，现在汉能与李河君还身在赌局之中，结局未知。但仅仅凭借这个未见分晓的赌局，李河君已经成为中国新首富，倘若他的光伏梦成真，那他的财富和影响力将更加不可估量。

其实，单纯用"赌徒"来形容李河君是不公平的，因为他的"光伏豪赌"既是汉能发展的客观需要，也是中国企业家进取精神的集中表现。

从客观来说，不同行业有不同的特点：传统企业追求安全平稳，互联网企业追求高速发展，能源企业追求的则是对未来方向的准确把握。2012年和2013年，娃哈哈董事长宗庆后连续两年获得《福布斯》富豪榜"中国内地首富"称号，这是传统实业的平稳；2014年9月19日，中国最大的电商公司阿里巴巴在美国纽约证券交易所挂牌上市，持股7.3%的马云一跃成为内地新首富，这是互联网企业的高速；2015年1月27日，得益于汉能薄膜股票暴涨，占股90%以上的李河君获得1100亿元的账面身家，再加上汉能的水电资产、地产及其他能源资产，李河君以2000亿元超越马云成为新首富，这是能源行业对未来的提前布局。

但李河君对"首富"这个头衔并不看重，他很清楚：做能源行业，不仅要做大体量，保持稳定，最重要的是把握未来的方向，否则2006年的首富，同样从事能源行业的施正荣就是他的下场。在李河君看来，柔性、弱光性能好、应用范围广泛的太阳能薄膜发电技术将会成为未来的首选能源。除了传统的屋顶分布式发电外，太阳能薄膜发电还可以集成到建筑物构件中。薄膜发电还具有良好的便携性和环境适应性，是日常生活、移动供电的理想选择，可用于手机、汽车、户外装备等各种物品。

看准目标后，李河君一点都不吝啬投资，他从一开始就做得很大，要"打通全产业链"：从上游光伏电池和组件的生产线装备，到中游电池、组件生产，再到下游光伏电站发电。并不是没有人劝说过李河君要从小规模开始慢慢扩张，但李河君不这么认为："必须一下子做上规模，否则没有成功的希望。"在李河君看来，之前那些同行以失败告终，关键原因就是没有"全力以赴"去做光伏，没有把做行业第一当成自己的终极目标。所以，汉能的千亿光伏豪赌对李河君来说是现实需求。

从主观来说，选择薄膜太阳能，选择超大规模的投入，是李河君实现"用清洁能源改变世界"之梦的必由之路。李河君在一次大型论坛上这样说道："我觉得企业家精神第一条是为信念而战，为理想工作。如果盯着钱，最后的结果是挣不到大钱，钱是副产品，顺便挣来的。"

比起赚钱，李河君更在意的是传统能源方式所带来的环保问题极大地禁锢了人类的发展脚步：煤炭、石油等不可再生能源除了储备有限之外，高排放问题一直为世人诟病；水电等清洁能源也存在着破坏自然生态平衡的风险，而即便是在最被专家看好的太阳能领域，也存在着晶硅等相关原材料生产过程高污染的问题。这使得真正做到零污染、零排放的薄膜太阳能成了李河君的最终目标。

对于李河君的这一选择，光伏同行都感到十分惊讶。因为薄膜虽然在环保等方面一枝独秀，但技术门槛过高，光电转化率较低，发电成本也高，所以一直备受冷落。但李河君强调：不要只把目光放在一两年后，真正值得关注的是10年后的未来。李河君相信技术会进一步发展，成本会进一步下降。而且，随着对太阳能技术的进一步开发及其大规模进入市场，人们将能够在合理的价格内把太阳能电池板安置于几乎任何地方，比如缝在一块布上、内置在一个产品里或安装在某个建筑物上。

李河君对薄膜太阳能的未来充满期待，他同时坚信：到那时中国将会成为引领这场能源革命的国家，因为中国现在不仅拥有生产能力，而且拥有必要的资金实力、人才储备和政策支持。而他的汉能，因为大规模投入和全面布局，将在这场能源革命中发挥重要作用。

所以，与其说李河君和汉能的光伏梦是一种赌博式投资，不如说这是一个具有开拓精神与国际视野的中国民营企业家对自身理想的坚守。李河君提醒正在创业的年轻人，也许你暂不具备开拓某个行业先河的实力与契机，但引领时代的野心与眼光必须悉心发掘。一旦掘出心中潜藏的理想，你要做的就是赌上一切将它实现。他说："一个人最困难的是什么事？就是坚持自己，坚持理想，这是很难的一件事。汉能18年来只干了一件事情，就是清洁能源。汉能的理想就是用清洁能源改变世界！"

目 录

第一章　眼光比资本更重要
——创业智慧

能自己做"小老板",就不给别人做"大掌柜" ■002
年轻人身低言微,却更应该高瞻远瞩 ■005
1年后的未来让人失望,10年后的未来给人惊喜 ■008
愚者投机,智者顺势:知大势才能成大事 ■011
给你的创业理想来一次自我评估 ■015

第二章　枪打出头鸟?出不了头的是笨鸟
——"亮剑"智慧

早下决断:观望的结果不是稳妥,而是错过 ■020
宁做"战争年代的枭雄",不做"和平年代的将军" ■023
汉能要做100年:要么一马当先,要么原地等死 ■027
再创业既是追求也是需要:玩不转,就玩完 ■030
步尚德后尘?你只要了解我就不会质疑我 ■034

第三章　和世界较劲，探知自己的极限
　　　　——"疯子"智慧

　　人生不设限：用追梦的惯性击溃重重瓶颈 ■040
　　中国领先一把：想人之不敢想，成人之不能成 ■043
　　悬崖冒险？你只是不知道我的安全路线 ■046
　　饥饿感是最强的学习力，世界属于不满足的人 ■049
　　危机感确保安全性，最大的危险是昨天的成功 ■053

第四章　撑到上帝出手的那一刻
　　　　——"驽马"智慧

　　坚守初心：初恋情人是最美丽的 ■058
　　信则成：三颗"信"铸就"李氏精神" ■061
　　扛得越久赢得越多："逆商"高才有资格拥抱春天 ■065
　　顽强而精明的"赌徒"：撑到上帝出手相助的那一刻 ■069
　　傲气源自傲骨：沸水沉浮，方有茶香 ■073

第五章　竞争不是死磕，学会"搭便车"
——借力智慧

能用10亿元买来的技术，别用10年去发展 ■078
吃"休克鱼"，激活别人的同时升级自己 ■081
声誉来自实力，形象来自合作，品牌来自国家 ■085
对手也是帮手：和高手过招，才能成就大师 ■088
"看不懂"的扩张之路：学会借势才有底气逆市 ■093

第六章　逻辑就是利益：理科生的终极游戏
——博弈智慧

选择上的"酒吧博弈"：热门不常热，冷门不久冷 ■100
规划上的"蜈蚣博弈"：从终点开始思考问题 ■103
竞争上的"智猪博弈"：创造为主，跟随为辅 ■107
攻守上的"斗鸡博弈"：狭路相逢，有进有退 ■112
发展上的"正和博弈"：互助合作，走向共赢 ■116

第七章　像经营公司一样经营自己
——魅力智慧

领导型人格：给别人一个追随你的理由 ■120
一个拥有超凡魅力的领导者应该是什么样 ■122
真材实料还是画饼高手？相信愿景的魔力！ ■126
气场修习：打造你的专属精神名片 ■129
财商影响魅力，谁都想和会赚钱的人交朋友 ■134

第八章　只有死去的鱼才随波逐流
——"独裁"智慧

我不一定都是对的，但一定都得听我的 ■140
当心"意见奴役"：坚持自己，请世界为你让路 ■143
开明的独裁者：自负的背后是理智与自信 ■146
明争暗斗还是坦诚合作：董事会究竟该怎么治 ■150

第九章　做对事不如找对人，管好人
——管理智慧

第一是靠人，第二是靠人，第三还是靠人 ▪156
品德问题就是零因子，零乘亿万等于零 ▪159
要得到员工的信任，首先要证明自己值得信任 ▪162
执行没有借口，才能保证"汉能没有不可能" ▪166
因人而异激励，真正让员工与企业同呼吸、共命运 ▪169
明确职责，别让下属的猴子跳到领导背上 ▪173

第十章　不能改变手中的牌，就改变出牌方式
——逆袭智慧

撬不开对手的防盗窗？那就试着敲开它 ▪178
重温童年苦难，那是你一生的助益 ▪181
修炼的意义：能吃苦的人心里有个永动机 ▪185
怀抱"每天都有可能死去"的心，让危机变转机 ▪188
有时候改良已经不够了，必须颠覆！▪192

第十一章　人生是一段没有安全绳的平衡木
——制衡智慧

信誉是最强的气场——信与利的平衡 ■198

站在十字路口的领导者——气与度的平衡 ■201

要有理想，但不要理想化——理想与现实的平衡 ■204

思考的问题决定身处的层级——欲望与思想的平衡 ■208

只会赚钱的企业称不上伟大——赢利与责任的平衡 ■211

公益不是输血救人，而是造血强身——真善与虚名的平衡 ■215

附　录

汉能大事记 ■222

汉能司训十八条 ■229

成功之要素 ■236

企业家要自信并讲信誉 ■243

汉能，因祖国强大而强大 ■251

中国，可再生能源经济发展之典范 ■256

2012年9月李河君接受《英才》杂志采访摘录 ■260

2014年5月李河君接受《公益时报》采访谈慈善 ■265

第一章

眼光比资本更重要
——创业智慧

能自己做"小老板",就不给别人做"大掌柜"

广东人似乎天生就对创业情有独钟,能自己做老板,就绝不给别人当伙计。身为广东河源人的李河君再一次印证了这一点。在李河君的记忆里,自己7岁左右时就有了"当老板的潜质"——他在做游戏时热衷于指挥其他小伙伴,而不是自己冲锋陷阵。

20世纪80年代中期,李河君还在北方交通大学(现北京交通大学)读大二时,就领着30多个同学在学校的食堂门口卖了3天胶卷,赚了12块钱——然后大家一顿饭就将"利润"吃光了。一般人或许只会把这件事当成大学里的一次普通实践活动,但多年后李河君坚持把那12元钱称为自己的"第一桶金",即便是后来接受《纽约时报》采访时,他也执意用这件看起来微不足道的小事作为"您认为自己天生就是领导者吗"这个问题的答案:"是的,在北京交通大学读大二时,我组织了30多个同学在学校食堂大门口卖胶卷。我根据同学们不同的性格特长,进行了团队分工,有负责采购胶卷的,有负责吆喝售卖的,还有负责管钱的。现在看来,那次活动虽然简单,但体现了团队管理的很多基本原则,比如共同的目标、成员的能力认知和职位匹配、流程的管理、利益的分享等。当时最深的感受就是挣钱不易。同时我也体会到团队合作的力量。"

第一章 眼光比资本更重要——创业智慧

1988年，二十出头的李河君本科毕业，和其他同学一样，他也考上了本校的研究生。但李河君的研究生导师只带了他一年就去世了，此时李河君面临人生第一个重要抉择：是换导师继续读研究生还是退学找工作？果敢的李河君选择了更适合自己的第三条路：既不读书，也不找工作，而是自己创业！这个决定即便对今天的毕业生来说也略显冒险，但在李河君看来，是天经地义的事："我没在国有企业干过一天，也没有在政府部门干过一天，我没给别人打过一天工，整天就想着怎么自己干。所以我的履历特别简单，如果有什么事，就汉能那点事。"

不想给别人打工的李河君"厚着脸"向机械工程系一位与自己相熟的教授借了5万元创业。李河君或许是天生的领袖，但他肯定不是天生的投资大师，只3个月时间，他就把这5万元折腾光了。5万元在当时可不是个小数目，虽然现在的李河君回忆往事时会笑称那个敢借钱给自己的教授"胆子比自己还大"，但那时的李河君可没有这么轻松："背了5万元的债务，怎么办？"刚创业就负债的遭遇没有浇灭李河君的创业激情，在接下来的日子里，李河君混迹于中关村，"什么来钱做什么"：倒卖电子元器件、玩具，甚至矿泉水。略有积累后，他又开始将目光转向铁路运输、矿产和房地产。期间不是没有同学老师给他介绍过待遇优厚的工作，但他都果断地拒绝了：为什么不在更适合自己的大路上自由奔跑，却去别人设计好的轨道上亦步亦趋？

在李河君看来，在一家小客栈做老板，比在一家五星级酒店做大堂经理更有诱惑力。因为自己当老板就意味着未来的无限可能——哪家五星级酒店的总裁不是从小客栈做起的？而替别人做掌柜的未来则能一眼望到底——即便你是迪拜帆船酒店的大堂经理，也逃不过一辈子仰仗别人鼻息的命运。

正是这份桀骜不驯的态度，这股自命不凡的气魄，使得李河君的同学对他另眼相看，决意追随。20世纪90年代初，李河君成立了自己的公司，手下16名员工多是他的大学同学。负债创业的经历不仅没有打垮李河君，反而让他成长得更快更好。李河君很快还清了教授的借款，还把公司越做越大，到1994年，他的公司凭借电子元器件、铁路运输、房地产等几个风马牛不相及的项目积累了近8000万元的资产，为他将来进军能源行业攒下了厚实的家底。

李河君的创业史不禁让我们反躬自省：时代日新月异，机遇层出不穷，但我们的开拓力与进取心似乎并未随着时代一起进步，越来越多的年轻人在大学毕业后倾向于选择考公务员、进国企享受高福利，而不是去私企拼业绩，更不用说像李河君那样一门心思自己创业了。这种趋势究竟是进步还是倒退？这种选择究竟是明哲保身还是画地为牢？

不妨来看看网络上曾盛传的一组数据吧：1997年丁磊用50万元创办了网易；1998年马化腾凑集50万元创办了腾讯；1998年史玉柱借50万元搞脑白金；1999年陈天桥用50万元创办盛大；1999年马云凑50万元注册阿里巴巴……如果这些人当年不是用手里仅有的50万元去创业，而是买房，那么他们现在估计还在还房贷呢，哪里会有今天的飞黄腾达？！再结合李河君负债创业的故事，相信大家会对这个问题有更清楚的认识和判断。

年轻人身低言微，却更应该高瞻远瞩

在2014年12月14日举办的第十五届"学习型中国——世纪成功论坛"上，李河君自豪地向大家介绍了汉能的薄膜发电技术是如何彻底改变我们生活的。李河君说：薄膜发电技术是引领人类新能源时代的核心技术之一，它带来的是一场"不亚于互联网革命的，关于人类利用能源的终极革命"。这样的论断并非一厢情愿的夸大其词：自人类诞生以来，我们最主要的甚至可以说唯一的获取能量的方式就是燃烧：柴火、煤炭、石油，虽然燃烧的材质不断进步，能量转化的效率也在不断提升，但其本质没有丝毫改变，所以其伴随的整体效率问题、可持续问题以及环保问题都影响着人类对未来发展的信心。而太阳能技术，尤其是太阳能薄膜发电技术的出现，则为困扰人类多时的能源问题提供了一个相对高效、可持续且清洁的解决方案。

太阳能薄膜发电原理可以形象地类比为植物的光合作用，薄膜就是我们人类的叶绿素。不同的是，人类比植物更胜一筹，将光能转化为应用更为广泛的电能。李河君深知，"纯天然"的太阳能薄膜发电技术彻底颠覆了人类自诞生以来沿用至今的用燃烧获取能量的生存方式，使得人类的工业化流程得以往更高效的方向再造升级。所以，称它为人类利用能源的终极方式，从人类目前的发展脚步来看，并不算夸张。

李河君还强调：太阳能薄膜发电不仅是能源创造方式的革命

引线，更是人类在能源利用观念上的变革契机。因为，以燃烧为主的传统能源，以及水能、风能等技术门槛相对较低的清洁能源，由于其自身特点，只能以集中电网的方式进行供给，我们每个个体不可能成为能源的创造者、分享者。而太阳能薄膜发电的出现，以汉能为主的一批高新太阳能薄膜发电技术开拓者的出现，使得我们每个个体、每个家庭、每个商店工厂都有机会成为独立的发电主体。而且，随着太阳能电网的建立，个体用不完的电还可以分享、转卖给别人。人们开玩笑常说的"躺着就把钱挣了"不再是天方夜谭。

对李河君而言，"躺着挣钱"并不是最让他兴奋的事。他更在意的是，传统能源方式所带来的环保问题极大地禁锢了人类的发展脚步：煤炭、石油等不可再生能源除了储备有限之外，高排放问题一直为世人诟病；水电等清洁能源也存在着破坏自然生态平衡的风险；即便是在最被专家看好的太阳能领域，也存在着晶硅等相关原材料生产过程高污染的问题。这使得太阳能薄膜发电在创始之初就站在了商业模式的道德与历史双重高点上——因为太阳能薄膜发电完美地解决了环保问题，真正意义上做到了零污染、零排放。所以，不论传统能源领域的对手如何奋力反击，都不可能从根本上翻身。因为没有人可以冒天下之大不韪，与历史规律作对，和人类的发展趋势抗衡。

若是剔除个人道德选择的影响来考量李河君的商业智慧，我们不难发现：这个看起来有些疯狂的"投机分子"，其实有着最为深远的投资眼光。李河君的汉能之所以能够迅速壮大，甚至隐隐有屹立不倒的趋势，除了巨大体量与打通全产业链带来的稳定性之外，最重要的是他对能源行业趋势、人类未来发展的准确判断结合了恰当的出手时机与出手力度，使得汉能从一开始就在打一场"独孤求败"的战争。

李河君的"太阳能薄膜发电之梦"是"眼光决定未来"的最好例证，但如果"太阳能薄膜发电"这样的名词对你来说遥不可及，那么不妨再来看看我们每个人都熟知的淘宝。其实淘宝的核心理念与太阳能薄膜发电"人人都是发电主体"的定位十分相似，那就是：每个个体都能成为卖方。传统销售模式局限了交易的灵活性，也压制了年轻人创业的积极性。有压制就有积怨，有积怨就有爆点。年轻人对自主创业的潜在需求、时代发展对交易灵活性的客观要求都激发了商业模式的无限可能。可能是无限的，但解决问题的方法是简单的——一个更自由的平台即可。谁先给他们这个平台，他们就给谁未来。马云看准了这一点，也做到了这一点，所以成了中国的新首富，这是眼光价值的又一体现。

李河君和马云提醒正在创业的年轻人，也许你暂不具备开拓某个行业先河的实力与契机，但引领时代的野心与眼光必须悉心发掘保存，要像乔布斯那样"stay hungry, stay foolish"（求知若饥，虚心若愚），不放过任何指引未来方向的线索。因为，在今天这个技术高速发展、观念不断更新的时代，"快"的意义被极大地凸显出来。在这个基础上，方向的重要性往往大于策略，眼光的重要性常常大于实力。而每天身处这个时代核心，体验着日新月异的科技生活的年轻人，其实比大部分60后、70后企业家掌握着更全面的资讯、更细微的线索。我们唯一需要关注的就是：如何更敏锐细致地挖掘这些资料线索，并通过大胆的设想与审慎的分析将其转化为对未来的准确判断。而在这个时代，美好的未来，正属于那些最早看清它真实模样的人。

1年后的未来让人失望，10年后的未来给人惊喜

创业20年来，李河君带领汉能已将清洁能源的版图延伸到世界各个角落。汉能打通太阳能薄膜发电的全产业链，从上游薄膜发电装备的技术研发及制造，到中游电池组件的生产，再到下游全球市场的开发和应用，李河君的汉能似乎无所不能。是什么给了汉能如此大规模发展的底气？是未来！

李河君经常强调：不要只把目光放在一两年后，真正值得关注的是10年后的未来。一两年后的未来只会让人失望，5到10年后的未来却会为那些坚持者带来惊喜。李河君回忆自己最初投资水电时，就是因为对未来有一个清晰而坚定的判断："20世纪90年代中期，大家都不看好电力行业，国家也基本暂缓了对电力的大规模投入。但是，我坚信自己对未来的判断，市场对电力的需求一定会出现持续快速增长。我对中国未来充满信心，对能源行业充满信心，这就是我要找的，能够干一辈子的行业。就这样，我处理掉其他业务，把全部的人力、物力、财力都投进了清洁能源行业！"

事实证明，李河君的判断是正确的。仅仅过了几年，随着城市建设的发展，电力供应由过剩变成短缺，甚至多次出现"电荒"，电价也因此逐年上涨。李河君从几万千瓦的小水电开始干，一直干到十几万千瓦、几十万千瓦，不仅积累了资金，积累了经验，还建设出一支国际一流的水电专家团队。这都是李河君

曾坚信的未来带给他的惊喜和财富。凭借这些财富，他有资本去相信更美好的未来。

这个更美好的未来就是薄膜太阳能。李河君之所以选择太阳能，选择薄膜，是因为在他眼中，柔性、弱光性能好、应用范围广泛的太阳能薄膜发电将会成为未来的首选能源供应方式。除了传统的屋顶分布式发电外，太阳能薄膜发电还可以集成到建筑物构件中。薄膜发电还具有良好的便携性和环境适应性，是日常生活、移动供电的理想选择，可用于手机、汽车、户外装备等各种物品。

李河君孤注一掷的投入使得汉能凭借研发及技术整合方面的核心优势成为全球最大的太阳能薄膜发电企业，其技术、规模皆为全球第一。这一次，李河君并没有等太久。在2009年还遥不可及的薄膜太阳能电池的广泛应用，近两年已经初有成效。面对日益上涨的电价，沃尔玛、好事多、苹果等诸多国际巨头均开始关注太阳能发电系统。国际著名家居品牌宜家就提出了自己的可持续发展计划：到2020年，宜家所有商场和分拨中心将实现电力上的自给自足。为了实现这个计划，他们寻找的合作伙伴就是李河君的汉能。2013年7月3日，汉能与宜家在北京的宜家商场举行了"汉能—宜家太阳能屋顶电站并网发电启动仪式"，并公布了初步成果：北京、大连、深圳、南京等城市的宜家商场已经在屋顶放置汉能的太阳能薄膜光伏电池板。这些电池年均发电量能满足宜家商场总电力需求的10%~15%。而这，还只是一个开始。接下来，天津、无锡、上海等地的宜家屋顶也会接受汉能的"改造"。说是"改造"并不准确，因为汉能的太阳能薄膜光伏电池板只需要放置在屋顶即可，不需要拆除或替换任何物件。这也是李河君对薄膜光伏技术如此自信的原因之一。

根据宜家的可持续发展计划，他们还将帮助供应商汉能一起实现可持续发展。从2014年开始，除了宜家自己的门店及分拨中心，汉能还会逐步开始帮助宜家的供应商安装屋顶太阳能发电站，其中中国的供应商总计有350家。蓝色建筑物的屋顶开始发生改变，原本空旷的屋顶将被一片片太阳能薄膜电池板铺满。

和宜家的合作只是汉能与国际巨头们合作的开始。2014年4月22日，特斯拉汽车创始人马斯克在上海公开表示，汉能成为首家和特斯拉达成合作协议的中国充电站供应商。汉能太阳能之所以受到特斯拉的青睐，是因为它在最有限的空间里最大面积地将阳光转化为清洁电力——采用了太阳能技术领域先进的铜铟镓硒（CIGS）薄膜光伏技术，这项技术最高转化率已达20.5%，并具有轻质、柔性可弯曲、弱光发电强和封装技术好等优点。对特斯拉这种追求极致科技美学的企业而言，更为重要的是，汉能的这项系统在应用过程中无须搭建造价高昂的支架、整体设施可移动、外观现代且优美。

这就是汉能自信的资本，它的薄膜电池可完美地与城市建筑融为一体，在为电动汽车用户提供方便快捷的充电服务的同时，利用先进的薄膜光伏科技实现清洁能源的应用最大化。李河君信心满满地表示："虽然目前太阳能发电成本较高，但随着技术的发展，每度电成本在降低。所有的化石能源，如果把环境成本计算进去，成本都在上升。我判断2015年后，此消彼长，两者成本将持平，这将是新能源发展的里程碑。"

李河君对未来做出了明确的判断：技术会进一步发展，成本会进一步下降。而且，随着对太阳能技术的进一步开发及其大规模进入市场，人们将能够在合理的价格内把太阳能电池板安置于几乎任何地方，比如缝在一块布上、内置在一个产品里或安装在某个建筑物上。李河君相信，到那时中国将会成为引领这场能源革命的国家，因为中国现在不仅拥有生产能力，而且拥有必要的资金实力、人才储备和政策支持。而他的汉能，将在这场能源革命中发挥重要作用。

愚者投机，智者顺势：知大势才能成大事

李河君是一个土生土长的客家人，自小生活在河源市仙塘镇观塘村的一个祠堂老宅中。家中兄妹7人，李河君排行老四。虽然兄妹众多，但李河君和父亲关系最为亲密，他常说："父亲是对我影响最大的人。"

李河君笑言他的父亲是"中国最早的个体户"。早在1972年，李河君的父亲就开始做生意，手下最多时曾有几十名员工。生意越做越大，风险也越来越高，那时一不小心就可能被扣上"投机倒把"的帽子，丢了财产不说，还有可能陷入牢狱之灾。但李河君的父亲十分坦然，李河君8岁时曾听父亲安慰母亲说："路线迟早会改，一切都会向前。"李河君的母亲半是欣赏半是担忧地嗔怪他："就算天塌下来，你也当棉被盖。"

父亲的这份勇气和自信让幼年的李河君印象颇深，同时，也让李河君从小就明白："要知大势，顺势而为，没有人能够逆势

而做。"从父亲身上，李河君看到了一个伟大企业家所应具备的基本眼光和素养。

正是出于对父亲"顺势而为"精神的尊崇，李河君毕业后违背了父亲的意愿，选择从商。父亲认为李河君做生意肯定做不过他，所以建议他从政，为客家人争光。但李河君敏锐地看到：正处在变革中的中国市场将迎来巨大契机，而且他的兴趣也不在政事，所以他毅然举债5万元，开始了自己的创业之旅。

从这以后，李河君的每次重要人生选择几乎都是顺应时代潮流的典范。物流缓滞，物资运转不畅时，他选择倒卖电子元器件、玩具，甚至是矿泉水。各地用电紧张，国家鼓励发展小电站时，他选择用积累的资本购买优质小水电站。国家初步放宽私营企业进入能源领域门槛时，他选择与云南省政府签下百万千瓦级水电站的开发权。传统能源的弊端凸显，时代呼唤更环保的清洁能源时，他选择带领汉能转型光伏太阳能……可以说，李河君个人资产的几次指数级暴涨，都是"顺势而为"的结果。

李河君对自己的顺势之道颇为得意，他说："企业发展最重要的是顺势而为，汉能现在很挣钱，事实证明未来新能源也必将是最挣钱的经济点。"当习近平主席在2014年的APEC会议上首次系统阐述中国经济的"新常态"后，李河君便自豪地指出：国家的七大战略新兴产业，汉能的薄膜发电和其中的5个产业有关系，分别是高科技、新能源、高端装备、新能源汽车、节能减排。因此，李河君认为："汉能的最大优势不在技术，而在方向。"

在李河君看来，人们现在使用的火电、核电、石油等所有传统能源都是对太阳能的间接利用，只是效率非常低罢了。比如，

100W（瓦）的太阳能传送到地球，通过传统能源间接取得的能量，人类只能利用其中的1%～2%，而且还必须通过燃烧才能取得，效率低且带来大量污染。而薄膜发电技术则是对太阳能的直接利用，截至2014年汉能薄膜发电对太阳能的利用效率已经达到30%左右，取之不尽，用之不竭不说，还零污染。所以，这几乎是未来人类利用能源的最主流方向。谁能看清并提前抢占这个方向，谁就能笑傲100年。

当然，顺势而为不是投机，它需要的不仅仅是投资眼光，更重要的是对未来的判断。李河君的判断是：薄膜太阳能带来的不仅仅是高效和环保，它的移动性、自由度将更加深刻地改变我们的生活。李河君说："汉能要改变世界，首先要把（人们的）观念改过来，让大家理解什么叫薄膜发电，什么叫移动能源。转变观念就要通过民用化推广，比如现在手里有一个薄膜发电的充电宝，一下就能理解什么是移动能源。"汉能要做的和传统光伏截然不同。

一提到光伏产品，人们首先就会想到遥远的西部荒漠中的大面积光伏电站。而汉能专注的太阳能薄膜发电技术则会彻底改变人们对光伏的认识。薄膜光伏带来的分布式和移动能源将最终把电网"炒掉"，实现真正的"能源自由"。对那些依然试图做地面电站的同行，李河君表示遗憾："如果他们还认为光伏的出路是做地面电站或者并入电网，那他们就完全没理解趋势。他们做的光伏是'小光伏'，我做的是'大光伏'，大光伏是移动能源、分布式电站，别看西北的地面电站那么大，那只是小光伏，没有国家补贴做不了。我们不用补贴，我们直接干。"

李河君说自己曾经对一个著名的企业家讲过一个观点："你

什么时候放弃地面电站,什么时候才算真正理解了光伏。"李河君认为电网好比是100节车厢,运输火电等于是满载输送,而运送太阳能相当于整列火车只装满了20节车厢,80%没有货,成本肯定高。所以,真正的光伏不是发电上网,而是移动能源、分布式能源,完全跟传统能源相反。

在李河君眼中,未来是移动的世界,移动互联网、移动终端也自然包括移动能源。不能顺应这个未来,就会被未来淘汰。正如美国移动未来研究院CEO查克·马丁所说的那样:"要么就去主动参与塑造未来,要么就被强加一个未来。"李河君深信,薄膜太阳能正在掀起一场终极的能源革命,这场革命将比互联网革命更加令人期待。

也有同行冷静地提醒李河君:方向是方向,市场是市场。不做地面电站,仅靠民用薄膜销售,如何撑起整个光伏产业?李河君则反过来提醒同行不要小看这个民用的移动能源市场,统计显示,在未来3年,薄膜发电在户用发电市场的累计容量可达到48GW(吉瓦),汽车应用产品市场的累计容量约为10GW,通用产品市场的累计容量约为77GW,电子产品市场的累计容量约为15GW。李河君自信满满地说:"汉能成立了8个事业部,包括光伏建筑一体化(BIPV)、户用发电、农用设施、汽车应用、电子产品、通用产品、商用无人机、特种产品,每个细分市场的容量均超过万亿。"

市场虽大,蛋糕却不好切,因为移动太阳能意味着更复杂的技术和更精妙的工艺,从这点来说,李河君似乎更应该做一个优秀的"产品经理"。对此,李河君谦虚地表示:"亲自做产品经理我没有这个本事,我做产品开发集团CEO是表示我对这个事情的重视。我不会像马化腾他们那样,自己做首席技术官什么的,我没有这个水平。"李河君对自己的定位是"战略引领者"和"精神引领者",他笑言自己在汉能就是个"甩手掌柜",建金安桥水电站时,10年工期他去现场不到6次——其中两次还是陪领导视察。在李河君眼中,保证汉能的方向是正确的,战略是完备的,比具体的技术细节更加重要。而这,正是他带领汉能披荆斩棘、无往不胜的秘诀。

给你的创业理想来一次自我评估

很多年轻人,尤其是刚毕业的大学生会在找工作和自主创业之间徘徊不定。不论选择哪条路,最重要的是在心中拥有一个明晰的理想。没有理想,创业会毫无头绪,处处碰壁;有了理想,即便是朝九晚五,也能实现自己的价值。

在李河君这样勇于进取的企业家看来,生命最伟大的意义之一就在于坚守理想、不断冒险、不断进取,在一波接一波的创业与投资浪潮中,像一名勇敢的搏击者一样站在最前沿。30年前,崛起于草根的企业家们用财富之犁划开了创业坚冰;30年后,年轻创业者们将承前启后,开拓出更多的新领域。

李河君在北京交通大学校友会上建议自己的学弟学妹:"理想,我认为可以理解为理性的梦想。这个理想是理性的,是可达到的,是通过努力可以够得着的,反之则叫空想、泛想。"

李河君认为理想就体现在我们每个人的现实生活中,我们需要的只是用心去挖掘。不过，面对现在年轻人普遍缺乏创业激情的现状，他引用尼采的名言"人生宁可追求虚无，也不能没有追求"来说明："哪怕你的理想过高或者过低，也不能没有理想。一个国家要想强大，人民必须有信仰；一个人要强大，就必须有理想。而对于企业来说，也是如此。"

至于如何追求自己的梦想，李河君建议说："同学们走向社会的第一件事情，就是找到自己的人生定位。"他以自己为例：有的人花了20年才找到，而他只用了3个月。1988年李河君毕业，当年毕业都是管分配的，但是李河君把自己的名额送给了别人。他说："分配的工作不适合我，我要自己创业，这是我给自己的定位。"他接着建议说："走入社会后5年，你就应该知道自己适合干什么，并且树立自己的理想。而理想靠什么实现？一个词：'眼高手低'。眼高，就是一定要树立远大的理想；手低就是要扎扎实实坚韧不拔地把事情做起来，从而实现自己的理想。"

李河君对"眼高手低"的另类解释给了在场的同学不少启迪。有人感慨道："在创业之旅中，领导人要有敢为人先的冒险精神。"也有人建议小心一点："需要注意的是，虽然处于创新与创业风起云涌的时代，但创业对于我们高校学生而言，应该是一生中重大的决定。"李河君也赞成这一说法：心中有创业理想的年轻人应该事先做好充分准备与谨慎的创业决策评估。他认为这是创业者在创业之初至少应该尽到的职责。

的确，创业不应该被视为一种英雄的浪漫冒险，而应该是极其严肃的责任与承诺。因此，所有创业者在投入创业行为之前，都必须扪心自问，是否已经准备好了？

接着，李河君提出了攸关创业成败的5个基本问题和一套可供有意创业者进行自我评估的架构。对于这些问题，如果你能够清楚地回答，而且获得的都是正面答案，那么就大胆地启动创业脚步。但如果这5个问题中有部分还不清楚或还未具备条件，则建议你对于创业决定再次进行慎重的考量。因为盲目创业的失败概率恐怕会很大。

1. 你是否具有一个能够振奋人心的愿景？这个愿景必须是远大且清晰的，除了能使自己兴奋，也能激发他人追随你一起创业。

2. 你是否看到一个具有潜力的市场机会？必须是一个潜力够大且在可见的未来能够被实现的市场机会，当然也需要能够预先估计实现市场潜力所需要的时间与资源条件。现实中，很多成功的创业者都是瞅准了市场机会而成功创业的。

3. 你是否提出一个明确可行且能够结合市场机会的创业构想？这个创业构想也必须具有一定程度的创新并能带来市场竞争优势。

4. 你是否规划出一个能够创造利润的创新经营模式？同时还需要能够描述经营模式中顾客群体、核心策略、资源能力、价值网络各要素的内涵与创造利润的可行方式。

5. 你是否拥有足以判断产业相关技术与产品发展的专业能力？应该知道，在创业阶段，如果创业者对产品技术的成熟度了解不深入，将有一定风险。

李河君再三强调：创业具有堪比越狱的风险性，一方面需要强大的心理承受能力，承受繁重的工作强度，甚至资金套牢、业务开发不顺利等多种压力；另一方面更可能遭遇破产、倒闭、法律纠纷、经济纠纷等多种风险。虽然创业所要面对的风险是多种多样的，但都同样地要求创业者具有一个企业家所必备的冒险精神，而这种精神必须是持之以恒的、坚定的、不可动摇的。举例来说，当你发现一个新的商机，也许只有七分把握，你就应该付诸行动了，因为如果等到时机完全成熟再去做的话，你也就走在了别人的后面，那时这个市场已经被别人占领了。

第二章

枪打出头鸟？
出不了头的是笨鸟
——"亮剑"智慧

早下决断：观望的结果不是稳妥，而是错过

时代风潮瞬息万变，新鲜热点层出不穷，不论是生活娱乐还是创业冒险，我们都面临着更丰富也更多变的选择。然而，供选择的项目越多，做选择的难度就越大。所以，"选择困难症"顺理成章地接替"拖延症"，成为新的"时代病"。不妨回忆一下你身边的同事和朋友，也反思一下自己：上次清晰而果断地做出选择是什么时候？

当我们将视线从身边转向风起云涌的商界，却发现敢于做选择、下判断的"大神"比比皆是。汉能的李河君就是其中的佼佼者。与人聊天时，李河君经常以这样一句话开场："我有一个判断。"不错，和许多优秀企业家一样，李河君也是一个敢于做判断的勇者。而且，他的成功不仅来自勇敢。《经济日报》前总编、品牌中国创始人艾丰曾这样评价说："在我的印象中，李河君是一个善于做判断的人。"要知道，"敢于做判断"和"善于做判断"是两种全然不同的境界：前者只是勇气，后者则是能力。在商界，这项能力几乎可以说是企业胜败存亡的关键。迄今为止，李河君的几个重要判断——不论与其他人的看法相同还是相左，最后都被证明是正确的。

2002年，没有人相信民营企业可以独立承建大型水电站，毕竟葛洲坝、三峡都是倾全国之力才完成的杰作。但李河君在去云

第二章 枪打出头鸟？出不了头的是笨鸟——"亮剑"智慧

南考察时做出判断：随着中国的高速发展，城市对电力等能源的需求将会呈指数级增长，力有未逮的各级政府必将恳请国家允许民营资本进入能源领域。因此，在和云南省政府初步沟通后，他毫不犹豫地斥资10亿元进行金沙江水电项目的可行性调研，并最终在金沙江中游规划出了8座百万千瓦级的水电站，总装机容量相当于1.1个三峡水电站！李河君更是一口气与云南省政府签下了其中的6座，总投资超过750亿元！但计划交至发改委未获通过——发改委压根不相信民营企业可以独立承建百万千瓦级水电站。倔强的李河君不仅勇于做判断，更愿意不计代价地坚持自己的判断，于是他史无前例地拿着与云南省政府签订的合同将发改委告上了法庭。历史证明了李河君的判断，也奖赏了他的坚持，各方博弈的结果是：李河君的汉能获得了6座水电站中装机容量最大、资源最好的一座——金安桥水电站。而这座水电站建成后，每年发电量100多亿千瓦时，为汉能带来极其可观的现金流，李河君甚至直接称它为"印钞机"。

"敢于下判断"并不是李河君的独有标签，让我们把目光转向2012年中国经济年度人物的颁奖现场，分属传统商铺和电子商务的两位大佬——马云与王健林就曾当着亿万观众的面为各自的判断豪赌1亿元：到2020年，如果电商能占中国零售市场份额50%，王健林输给马云1亿元，反之马云给王健林1亿元。这场豪赌的焦点其实并不在这1亿元，而在传统零售行业与新兴电子商务对行业未来的大胆判断。

有判断就会有对有错，有赌局却不一定有输有赢。马云与王健林关于行业未来的判断谁对谁错，要到2020年才能知晓，但他们各自的输赢我们今天就已经能确知了：2013年与2014年的胡润百富榜首富，分别就是王健林与马云！当我们还在分析他们的判断孰优孰劣时，他们已经各自利用判断后的行动为自己创造了丰厚的价值。

不论谁对谁错，他们都是赢家！

判断不是现实，已经成为现实的事情自然不再需要判断，但未来尚未成为现实，要想提前在未来占据一席之地，就要早做判断。可能很多人会担心：判断错了怎么办？如果我的选择并不符合未来呢？其实，无数案例证明：判断的价值往往不在其正确性，而在它带来的方向感。有了方向感，自然就有动力。有动力的人往往会比别人早走几步，多走几步，这样即便大方向略有偏差，也能倚仗领先优势及时矫正。而那些思前想后之人，即便思考的结果200%正确，也只能在犹豫中眼睁睁地看先行者们抢占未来的先机。

很多时候，观望的结果不是稳妥，而是错过。

看轻对错，敢于下判断，先于下判断，判断后立即执行，这几乎是每个成功者必备的素质——尤其在风云诡变的商界。而为自己的判断设赌，则似乎成为顶级成功者的标志：2013年，小米的雷军与格力的董明珠打赌：当年小米营业额300亿元，格力1200亿元，相差4倍，但5年后小米营业额就将超过格力，赌注比两位"首富"还夸张：10亿元！

雷军敢夸下5年超越格力的海口，是因为他"信仰互联网"，他知道传统企业每年一般只有10%左右的增长率，而好的互联网企业则能达到150%～200%。董明珠敢应战，甚至主动加注至10亿元（雷军原本提出只象征性地赌1元），是因为她坚信格力23年的积累与创新，格力不是传统的传统企业！

2014年，格力销售额1400亿元，小米800亿元，分别增长200亿元与500亿元。从趋势上看，董明珠这10亿元免不了要成为雷军的"外快"了，但本质上这又是一场双赢的豪赌，因为他们都达到了自己预期的销售业绩。

李河君、马云、王健林、雷军、董明珠，这些敢下判断的成功者绝非个例。任正非说："我们无法准确预测未来，仍要大胆拥抱未来。"拿什么拥抱？华为的判断！刘强东说："下一个10年，移动电商会逐渐实现'所想即所得'，到货速度甚至有可能缩短至10分钟。"拿什么实现？京东的判断！李彦宏说："大数据和企业级软件是未来5年或者更长时间里的两大行业趋势。"拿什么应对？百度的判断！

每个成功者，每家成功企业都在下判断，甚至为了判断赌上一切。而与此同时，每个失败者都在观望，在犹豫，也在错过，在蹉跎。请记住：再精密的地图，也代替不了莽撞的第一步。在通往未来的道路上，当你的心中有了一个明确的判断，除了拼尽一切将它实现，你别无选择！

宁做"战争年代的枭雄"，不做"和平年代的将军"

2011年9月，李河君陪同王岐山副总理去参加中英经济对话，这次对话中英分别派出5位企业家，李河君是中方民营企业家代表之一，而英方的代表则以渣打银行CEO、汇丰银行CEO为首。由于之前的记者招待会拖延了时间，提前到场的中英10位企业家在一个小时的等待时间里便有了闲聊的机会。

由于不是公开的交流，英方几位CEO在听闻李河君只是一位民营企业家时，都忍不住流露出轻蔑的神情：汉能？中国清洁能源？对不起，没听说过。他们当然是有轻蔑的资本的：渣打银行、汇丰银行均有超过150年的发展历史，在国际金融领域都是叱咤风云的资本大鳄。身为这两家银行的CEO，他们自然对来自中国的"无名小卒"嗤之以鼻。

然而，他们并没有得意很久，李河君回忆说："前面20分钟，他们基本上在嘲笑我，打压中国民营企业家。但是，20分钟以后，立马翻过来被我打压了，最后他们都没有自信了。"为什么？是李河君在自吹自擂还是汉能当真拥有和世界顶级企业叫板的资本？都不是，李河君解释说："不是汉能规模多么大，也不是我李河君多么厉害，而是他们只是CEO，是职业经理人，根本不具备企业家精神。"当这些职业经理人听闻李河君霸气进军水电领域，8年磨一剑建出"印钞机"金安桥水电站，又豪投300亿元进军光伏领域的"壮举"后，自然只有心悦诚服的份了。

李河君形容这些从CFO慢慢做到CEO的人为"和平年代的将军"，他们知道如何按部就班地走一步、两步、三步，但怎么从第一步走到第四步，哪些地方可以跳过，哪些地方可以快走，他们就不懂，甚至不敢了。而像李河君这样永远在风浪中前行的民营企业家，则是真正的"战争年代的枭雄"，他们看得更远，也走得更坚定。

在承建金安桥水电站的8年里，每天的资金投入远远超出李河君的预想，最高时一天的投入就是1000万！那是李河君一生中最难熬的一段时光，每天的催账电话仿佛催的不是账单，而是他和汉能的命！要是换作其他公司的CEO，兴许压根不会接手这样大的项目，更别说在资金压力如此大的情况下硬扛整整8年了。但正如李河君所言，这就是职业经理人与民营企业家的本质区别：一个是在"帮忙打理"，一个则是在"用命维系"。

为了应对资金问题，李河君果断地将之前建设的一批效益颇佳的小型水电站卖掉了，其中最让李河君心痛的是2003年收购的，当时已经装机发电的青海尼那水电站。这还不算，李河君还将汉能多年储备的风险准备金都投了进去，最困难时他甚至向其他高管和亲戚借钱维持金安桥水电站的建设。这股拼命三郎般的企业家精神让李河君获得了"疯子"的称号，也让他赢得了"8年抗战"的最终胜利：2011年3月27日，总装机240万千瓦的金安桥水电站正式投产发电，这为汉能带来每年数十亿的稳定现金流，让他有底气以更大手笔进军光伏领域。

这样的战绩，无疑是职业经理人想都不敢想的。我们当然不否认许多优秀职业经理人也曾带领企业走出低谷，再创高峰——将万科从百亿做到千亿的郁亮即是一个明证。但即便是郁亮自己也承认："马云和柳传志等著名企业家都对职业经理人有批评，最重要的原因就是职业经理人可以共创、共享，但没有共担。"也就是说，当企业面临巨大的行业风险时，职业经理人往往是靠不住的。而一个只能共富贵却不能共患难的人，不论他是哪家国际巨头的CEO，都没有资格被称为优秀企业家。

从风雨泥泞中成长起来的李河君自然有资格被称为优秀企业家，他的枭雄式霸气也为他和汉能带来国人前所未有的荣耀：2014年3月，全球最具影响力的科技商业奖项——美国麻省理工学院《科技创业》杂志评选的"全球最具创新力企业"结果揭晓：汉能凭借其全球领先的薄膜发电技术及首创的"自发自用，余量上网"等创新理念位列全球第23位——是国内能源领域唯一上榜的企业，与之一起入选的企业有特斯拉、谷歌、三星、宝马和亚马逊。这是属于中国人的荣耀瞬间，也是属于李河君的加冕时刻。

相比"和平年代的将军"胸前无足轻重的勋章，"战争年代的枭雄"头上的桂冠就显得有分量得多！

不过，这点分量对李河君来说还不够，在他看来，企业家精神就是不断进取，不断开拓，不断在风雨中锤炼、蜕变、重生，而不是像大部分CEO那样坐享其成、追求安稳。他的下一个目标是：在2020年之前，将汉能的销售额做到10000亿元！这不是一个和平将军的呓语，而是一位乱世枭雄的远见。在他看来，汉能做到10000亿元，和华为做到1000亿元的难度是一样的。而且，这个目标的制定并不是因为它的"容易"，而是因为它的"必需"。从数次关乎生死的战斗中，李河君深切领悟到：要想让企业长盛不衰，只有像三星之于韩国、苹果之于美国一样，成为国家的标志性企业——在多是由政府主控的能源领域尤其如此。没有这份傲视群雄的见识与魄力，他就不配以私营身份存活于能源领域。

同时，李河君也勉励那些怀疑自己实力的中国民营企业家："虽然企业比他们（国际巨头）小，但是中国人最宝贵的一点，特别在这个环境下，就是能够历练出真正的企业家精神。"这种历经淬炼的，真正的企业家精神，才是让中国人能够在世界舞台上立足，让李河君敢于说出"让中国领先一把"的资本！

第一章 枪打出头鸟？出不了头的是笨鸟——"亮剑"智慧

汉能要做100年：要么一马当先，要么原地等死

在公众眼中，李河君是低调的，低调到直至他以2000亿元身家赶超马云、王健林成为中国新首富才被世人熟知。但了解李河君的人很清楚，他并不是一个刻意低调的人，汉能员工往往惊诧于他的超前理论，光伏同行也常常震惊于他的投资魄力。即便在个人消费观念上，李河君也并未秉持勤俭的美德，他拥有两架售价超过3亿元人民币的世界顶级私人飞机：湾流G550——马云与王健林也就各有一架而已。有个细节颇值得玩味，在购买两架湾流G550时，李河君还仅仅以600多亿元的身家位列中国富豪榜第四位，似乎他在当时就已经对一年之后赶超其他富豪登顶信心十足，所以用豪购的方式提前为自己加冕。

李河君的自信源自哪里？其实，他的自信恰恰源自他的"无奈"。他很清楚，不同行业有不同的特色：传统企业追求安全平稳，互联网企业追求高速发展，能源企业追求的则是超大体量支持下的"不死之身"。2012年和2013年，娃哈哈董事长宗庆后连续两年获得《福布斯》富豪榜"中国内地首富"称号，这是传统实业的平稳；2014年9月19日，中国最大的电商公司阿里巴巴在美国纽约证券交易所挂牌上市，持股7.3%的马云一跃成为中国内地新首富，这是互联网企业的高速；而华人世界雷打不动的首富李嘉诚则与李河君一样，在积累了巨额财富后，对能源领域产生了浓厚的兴趣：过去几年中，李嘉诚旗下公司对英国能源基

础设施项目进行了超大手笔的投资：2010年7月，长江基建以58亿英镑（约600亿元人民币）从法国电力公司EDF手中买下了英国电网业务；一年后，又以24亿英镑（约250亿元人民币）买下英国诺森伯兰水务公司的自来水供应业务；2012年，长江实业再牵头斥资6.45亿英镑（约65亿元人民币）收购英国威尔士和西部公用事业天然气公司。上述交易的结果是：李嘉诚直接控制了英国30%的电力供应、7%人口的供水以及25%的天然气供应——这还不包括他更早之前投资的北方燃气公司、布里斯托海岸能源公司和南方水务公司。这就是能源行业的超大体量与不死之身。

与李嘉诚只是做投资不同，李河君是真正从事能源行业的"排头兵"，所以他很明白：身在能源行业，只是保持巨大的体量没用，还得做第一、争老大。要么一马当先地亮剑，要么被别人赶上来一刀捅死。

商界流传着这么一则经典的故事：在奥康集团的会议桌上，集团总裁王振滔问大家："世界第一高峰是什么？""珠穆朗玛峰。""那第二高峰呢？"没有一个人能答得出来。"那么，中国的第一个奥运冠军是谁？"几乎所有的人都异口同声地说道："许海峰。""那第二个呢？"所有人再次陷入沉默之中。"那么我们可以从中得出什么启示呢？"深思一阵后，大家纷纷表态："不管做什么，一定要做第一！""我们永远只当珠穆朗玛！"

通过各种方法把员工的工作激情激发出来后，奥康集团创造了许多奇迹。奥康曾经仅用3个月就建成了一栋7400平方米的厂房。2006年，为了满足生产的需要，奥康准备再盖一栋厂房。为了让厂房能够以最快的速度投入使用，奥康的高层对负责这一工程的主管下了死命令——3个月必须将厂房建好,而通常盖这样一栋厂房最少需要8个月。这可能吗?在所有人的努力下,厂房如期完成了。当时有一个工人开玩笑地说:"奥康建房就像山里的竹笋一样,前一天还没破土,第二天就冒出来了。"

无独有偶,阿里巴巴刚创立的时候,虽然创业资本很少,但马云还是将未来的公司定位为全球的一流公司,因而名字也应该是响亮的、国际化的。为了注册一个好的名字,马云思索了很久。直到有一次在美国一家餐厅吃饭时,他突发奇想,找来餐厅服务员,问他是否知道"阿里巴巴"这个名字。服务员回答"知道",还说阿里巴巴打开宝藏的咒语是"芝麻开门"。之后,马云又在各地反复询问他人。经过这个测试,马云发现阿里巴巴的故事被全世界的人所熟知,并且不论语种,其发音近乎一致。他开玩笑说从他外婆到他儿子,都读阿里巴巴。就这样,一锤定音,马云将"阿里巴巴"确定为公司的名字。

马云曾说,他选择"阿里巴巴"这个名字是希望自己的企业能够成为全世界的十大网站之一,也希望全世界的商人都用阿里巴巴。既然有这样的想法,就需要一个全世界的人都记得住的优秀的品牌、优秀的名字。后来,马云进一步解释了网站取名"阿里巴巴"的更深层的目的:取"阿里巴巴"这个名字不是为了中国,而是为了全球,他做淘宝,有一天也要走向全球。阿里巴巴从一开始就不仅仅是为了赚钱,而是为了创建一家全球化的、可以做100年的优秀公司。

这也是李河君的理想:做一家能够屹立百年的,影响全人类的能源企业。所以,李河君在投资时一点都不吝啬,他从一开始就做得很大,要"打通全产业链"。并不是没有人劝说过李河君要从小规模开始慢慢扩张，但李河君不这么认为："必须一下子做上规模，否则没有成功的希望。"李河君认为之前那些同行以失败告终，关键原因就是没有"全力以赴"去做光伏，没有把做行业第一当成自己的终极目标。

为了自己的百年汉能梦，李河君坚持做光伏全产业链，从上游光伏电池和组件的生产线装备，到中游电池、组件生产，再到下游光伏电站发电，都要"拿下"。2011年，李河君通过资本市场的运作，成为在中国香港上市的硅基薄膜太阳能设备制造商铂阳太阳能的实际控制人，从而直入上游装备制造。同时，汉能还宣布，公司已经掌握7条薄膜技术路线，除其中3条技术路线与世界水平持平外，另外4条技术路线都是世界最先进的。

当年做金安桥水电站项目的曲折、诟病和成功，让李河君相信可以复制过去。他开始迅速在全国布局基地。不到3年时间，李河君成功布局了9大光伏制造基地。每个基地的起始设计产能在250MW（兆瓦）以上，长期项目规划总产能基本在GW级别。

这种孤注一掷的做法换来的结果是："我们此前的目标是2GW产能，2条技术线路，但最后的结果是我们做到了3GW产能，7条技术线路。"这就是李河君交给同行和世人的答卷。

再创业既是追求也是需要：玩不转，就玩完

身处任何行业，在发展中都难免会遭遇"天花板效应"，即发展到一定规模后，再怎么投入和创新都很难提高增长速度，甚

第二章

枪打出头鸟？出不了头的是笨鸟——"亮剑"智慧

至出现或急或缓的衰退。所以，即使当前的利润依然可观，有居安思危意识的企业家或早或晚都会选择进行战略转型，甚至是"再创业"。李河君带领汉能于2009年进入光伏领域也是出于这层考虑。彼时，汉能拥有的大大小小的水电站已经可以为其带来稳定而可观的现金流，而且，相比其他行业，经营水电站短期内几乎不存在衰退的风险。但是，李河君高调宣布进军光伏领域，让众人吃惊不小。

我们先来看一组公开数据：金安桥水电站的上网电价大约为0.27元/度，其每年售电的收益为36亿元左右，由于水电站无须燃料、运营成本极低，这些售电收益基本都可以算作汉能的利润。所以，单是一个金安桥水电站就为汉能带来每年30多亿元的稳定现金流，更不用说汉能手里其他大大小小的水电站了。截至2014年，汉能集团的水电权益装机总量超过600万千瓦，以这些电站的上网均价0.28元/度来算，一年也能为汉能带来70多亿元的稳定收益。有了这笔稳定的收入，李河君大可以高枕无忧地富甲一方，但是，李河君的眼界绝不仅仅局限在小小的水电行业，他曾对记者说："我已经做到百万级水电站，对我个人来说水电已经没有挑战了。"李河君有着更为远大的抱负：做清洁能源领域的世界第一！

被问及进入薄膜太阳能行业的初衷时，李河君用"使命感"来解释："干完金安桥之后，我们可以什么都不用干了，为什么还去干那么大风险的事呢？汉能整个团队的使命就是用清洁能源改变世界，汉能相信通过太阳能薄膜技术能够改变能源格局，我们想把火电、核电替代掉。"当然，转型、再创业战略绝不仅仅是"追求"和"使命感"就能解释的，李河君也承认，投资水电站的周期太长，过程太艰苦，而且随着新能源的不断发展，水电的未来发展不容乐观："我必须思考未来怎么走，汉能必须进行产业升级。"而在李河君看来，在所有可再生能源当中，太阳能是最有前途的。所以，他毫不犹豫地投身其中。

正是因为李河君的居安思危，勇于开拓，汉能才有了如今的光伏帝国，才有了更加值得期待的未来。当然，转型、再创业对一个企业来说既意味着机遇，也带来了风险。但面对每个行业不知何时就会突然出现的"天花板"，只有时刻怀有创业精神，勇敢地、主动地将眼光投向更广阔的领域，才能一次次获得突破和重生的契机。从这点来说，李河君与乔布斯有很大的相似性，在转型与再创业方面，他们都是当之无愧的先行者和领路人。

1976年，史蒂夫·乔布斯的朋友沃兹尼亚克设计出一款微型电脑，乔布斯认识到其中的商机，极力劝说沃兹尼亚克辞职，与他合作开一家新的科技公司，公司的名字就叫"苹果"。1977年4月，苹果推出了世界上第一台真正的个人电脑——Apple II，从此个人电脑行业创立。当年，苹果的产值就突破了100万美元。1980年，苹果在美国上市，股价一路飙升，乔布斯和沃兹尼克因此成为亿万富翁。到1984年，苹果的员工已经有4000名，资产超过了20亿美元。同年，苹果又推出了麦金塔电脑，也就是著名的苹果Mac机。

好景不长，戏剧性的一幕发生了：乔布斯被苹果"踢出了门"，而踢他出门的正是他亲自请来的管理者约翰·斯卡利。斯卡利无法忍受乔布斯的独裁和坏脾气，便以辞职相威胁，最终董事会支持了他，而不是乔布斯。乔布斯一气之下卖掉了苹果的股份，重新创业。乔布斯后来回忆说："我当时没有觉察，但是事

第一章
枪打出头鸟？出不了头的是笨鸟——"亮剑"智慧

后证明，被苹果开除是我这辈子发生的最棒的事情。因为作为一个成功者的美妙感觉被作为一个创业者的轻松心态取代。这种感觉让我生活得自由自在，由此也进入我生命中最有创造力的阶段。"

刚开始，乔布斯创办了一家名为NeXT的电脑公司，主要业务是开发电脑新技术。1986年，他独具慧眼地以1000万美元的价格从美国电影电脑特技之父卢卡斯手中买下了当时很不景气的电脑动画制作工作室，并成立了后来享誉全球的皮克斯公司，转战动画领域，1995年皮克斯公司制作的3D电脑动画片，也是世界上第一部用电脑制作的动画电影《玩具总动员》面世了。这部3D动画片的横空出世不仅在市场上大获成功，而且对传统的动画影片产生了巨大的影响。皮克斯公司当年迅速上市，并一举成为3D电脑动画的先锋和霸主。随后的《海底总动员》《超人总动员》等一系列动画电影的成功，不仅展示了皮克斯无可匹敌的技术力量，更体现出一种生机勃勃、充满想象力的鲜活动力。

就在皮克斯如日中天的时候，苹果却在新的竞争中江河日下，即便是连换几任总裁也无法挽回颓势。乔布斯的机会来了。由于对苹果的深厚感情，1996年，乔布斯将NeXT公司卖给了亟待新技术支持的苹果，他因此担任了苹果公司的总裁顾问。1997年，乔布斯再次成为苹果的总裁。重回苹果的乔布斯立刻对苹果进行全面而彻底的整顿。在他的领导下，苹果用短短10个月时间开发出一款极具个性化风格、塑料外壳包装的iMac电脑，震惊了整个电脑界，并在市场上大获青睐，沉寂已久的苹果终于重放光彩。

2000年，苹果出现季度亏损，股价随之下跌。在这关乎苹果存亡的时候，乔布斯再度凭借他的天才创造力和独到的商业眼光拯救了苹果：他决定从单一的电脑硬件生产向数字音乐领域多元化转变，并于2001年推出个人数字影音播放器：iPod。这款iPod成为苹果全面翻身的一支奇兵。2004年全球iPod销量突破45亿美元，到2005年下半年，苹果已经销售出2200万部iPod数字音乐播放器。

这当然不是结局，2007年，乔布斯带领苹果高调进军智能手机行业，推出了风靡全球的iPhone，迅速击败诺基亚、三星等手机品牌，在智能手机领域一枝独秀。乔布斯是当之无愧的科技创新弄潮儿，因为他的骨子里存续着永不衰竭的创新力和创业精神。正如在苹果负责iPod部门的副总裁托尼·弗德尔说的那样："没有人知道乔布斯的盒子里装着什么颜色的巧克力糖。他从来都不在乎输赢，在他的脑子里总是想搞出点新的名堂。"

由此可见，只有居安思危、不断进取才能不被时代的潮流所吞没。在商业大潮中，要么做一个勇敢的弄潮儿，要么就在故步自封中被大浪打翻，从此随波逐流。这是李河君与乔布斯的再创业故事为我们带来的最有益的启迪。

步尚德后尘？你只要了解我就不会质疑我

李河君和汉能向来处在风口浪尖上，当他在光伏领域频频"亮剑"，展示自己和汉能的巨大野心时，同行和媒体对他们的质疑却甚嚣尘上。其中最普遍的一种说法是：现在的汉能，就像

第二章 枪打出头鸟？出不了头的是笨鸟——"亮剑"智慧

从前的尚德。现在的李河君，就像从前的施正荣。尚德曾经是中国领先的太阳能企业，施正荣也于2006年以186亿元身家成为中国首富，一时得意无比。但这改变不了尚德于2013年破产的命运。

李河君会步施正荣的后尘吗？

我们不妨先来看看施正荣的沉浮之路："我这个人就是爱折腾，喜欢搞创新"，施正荣在2006年成为中国新首富后曾这样形容自己，"如果没有我恐怕就没有尚德的今天"。熟悉施正荣的人对他这种自信得有点狂傲的态度都表示习以为常。

爱折腾的性格注定了施正荣与尚德的跌宕起伏：2000年，施正荣带着40万美元和老婆孩子回国创业。他当时抱着赌一把的心态："失败了大不了再找份工作。"凭借"海龟"经历以及异于常人的自信，施正荣得到无锡政府的青睐，2001年，无锡尚德电力正式成立。施正荣敢想敢干，迅速地从中国菜鸟跃升为世界第一，仅2005年年底到2008年这3年时间，尚德电力的产能就从100MW猛增到1000MW。在这个过程中，施正荣春风得意。

施正荣曾经表示，尚德要想在太阳能行业永远领先，每5年必须研发并掌握一项撒手锏式的技术，否则，很快会被后来者超越。在搞研究出身的施正荣的带领下，尚德的技术一直处于世界光伏产业前沿。尚德公司的研发中心已被确定为江苏省光伏能源工程技术中心，拥有20多项自主知识产权。"全世界主要的光伏企业的技术负责人都是我的校友。"施正荣曾自豪地说。

但施正荣性格中不够谨慎的一面导致他的决策频频失误：2006年7月，施正荣力排众议，在极为苛刻的条件下与世界十大硅材料供应商之一美国MEMC公司签订了10年总额达60亿美元的硅材料供货合同。之后在2007年6月，尚德又与美国一家材料公司签订了6.78亿美元长达10年的多晶硅供货合同。等到2008年金融危机，尚德的这两纸10年合同一下子由于硅片价格暴跌而损失惨重。2007年，尚德在上海投资3亿美元开发的非晶硅薄膜电池的项目夭折；2009年，尚德在成都的碲化镉薄膜电池项目也以失败告终。

2010年，后知后觉的施正荣才开始考虑转型："实际上我很早就认为要做调整，但就是太顾面子，当断不断。"施正荣认为这只是短暂的"成长之痛"，让他没想到的是，尚德的第一块多米诺骨牌已经被推倒，随后，种种负面新闻纷纷爆出：施正荣涉嫌关联交易掏空尚德资产被"逼宫"、尚德内斗丑闻……随之而来的是债权人起诉、尚德停工停产、2013年宣告破产重整。施正荣和尚德的辉煌一夜之间回到了零。

施正荣的为人与成功经历看起来和李河君十分相似，但仔细分析起来，则有着本质的不同。这也是汉能的命运不同于尚德的关键所在。首先，施正荣几乎是无本起家，他的成功起步于无锡政府对其的信任与支持，而李河君则拥有14座被他称为"印钞机"的水电站，无论是日常现金流还是危机时的信贷，都为汉能提供了充足的保障。这是本钱的不同。

其次，同样是"豪赌"，施正荣与李河君的眼光与策略完全不同。在对多晶硅未来的判断上，施正荣出现了严重的失误，在投资策略上，施正荣也显得更加冒进。相比施正荣的两单长达10年的高价合约，李河君购买欧美薄膜技术公司却都是看准时机的低价"抄底"。基于这一点，李河君自信地说汉能不会步尚德的后尘："大家觉得汉能做事疯狂，我觉得自己的判断非常理性。

完成几个大的并购之后,我们一跃成为全球薄膜太阳能行业的领导者。这不但在于规模,更在于技术,汉能通过并购,把全球最领先的技术完全掌握在中国人手里了。并购、基地建设,我们总共才花300亿元就干起来了。"只花300亿元对财大气粗的李河君来说似乎是捡了个大便宜。

李河君对各种关于自己和汉能的质疑早已司空见惯,这些都不会影响他对薄膜太阳能的信心。李河君表示:"我常说的一句话就是,'我们往往高估了1~2年的变化,而低估了10年的变化',这在光伏行业同样适用。"李河君认为,也许薄膜也会出现多晶硅之前的价格起伏,但10年内问题并不大。

李河君对未来的信心源自全球对清洁能源的愈发重视。中国在可再生能源方面做出的承诺在西方国家遭到质疑,这种质疑因为中美签署的关于解决气候变化问题的协议而变得更加明显。在协议中,中国承诺将扩大可再生能源的应用,到2030年使可再生能源在其总能源中所占比例由8%(2014年数据)提升到20%,届时其排放量也会达到峰值。该协议被批评家们视为"没有约束力的幌子"。批评家们指出中国每10天就建成一座新火电厂。

国际舆论压力以及可持续发展的现实需求使得政府领导层意识到:若要满足新兴中产阶级和不断发展的经济所激增的用电需求,且不以空气质量为代价,不让整个国家被雾霾包裹,中国就必须打破对煤炭的依赖。为实现这个目标,在未来15年里,中国需对零排放能源每年投资1450亿美元来增加发电量。

这个国家性的新目标将会引发可再生能源领域的投资热潮。李河君预测:下一个10年里新增发电量的规模将会重塑中国可再生能源市场,而随着政府补助逐渐减少,竞争力薄弱的企业将被淘汰，剩余企业对市场份额的竞争则会提高效率，推动技术创新。李河君表示："我相信，太阳能将会成为这场技术进步的先驱。"

　　李河君从一开始就找到了对的方向，所以无论是国际形势还是国家政策都让汉能比其他能源企业更具发展潜力，再加上李河君相对审慎的投资策略以及汉能"一基两翼"的发展战略，李河君变成"施正荣第二"的可能性微乎其微。而且，李河君对汉能有绝对的控制权，所以出现内部问题、爆出管理层丑闻的风险也小得多。从这些角度综合考虑，李河君的确有充足的自信对那些猜忌和质疑付之一笑，悠然亮出汉能的光伏利剑。

第三章

和世界较劲，探知自己的极限
——"疯子"智慧

人生不设限：用追梦的惯性击溃重重瓶颈

工作和生活难免会遇到种种挫折，事业与人生也无法逃避诸多瓶颈。但正如无手无脚的澳洲励志青年力克·胡哲所言："虽然生活处处艰险，但人生不应设限。"更何况，很多限制还是我们自己的畏缩与恐惧强加给自己的。

许多人信命，但正如英国诗人布莱克所说："命运并非机运，而是一种选择。我们不应该期待命运的安排，而要凭自己的努力创造命运。"俗话说："世上无难事，只怕有心人。"只要有心，有勇于突破任何限制的魄力，就没有解决不了的问题，没有穿不过去的瓶颈。生活如此，工作亦然。很多时候，我们在工作中遇到的困难，其实并不比生活中的琐屑问题更难解决。我们之所以觉得它难办，不过是心里有诸多障碍罢了。过不去心里的那道坎，自然无法越过眼前的迷障。

其实，和李河君曾经面临的难题比起来，我们在生活与工作上遇到的那些问题别说"瓶颈"，连"困难"都算不上。

在准备上马金安桥水电站时，所有人都认为李河君的汉能作为民营企业承建这样一项大工程是不可能的。这种怀疑并非没有道理，要知道，总装机容量271万千瓦的葛洲坝水电站动用5.5万人、历时16年才建成，而金安桥水电站的设计装机容量是300万千瓦，是葛洲坝的1.1倍！没有国家的帮助，要想完成这样一项工程，技术与资金上的瓶颈可想而知！

第二章 和世界较劲，探知自己的极限——"疯子"智慧

对种种质疑声，李河君选择充耳不闻。他并非傲慢到毫不在乎别人的意见，他只是更相信自己的调研与判断罢了。早在2002年，李河君便开始对云南丰富的水电资源进行详细调研，汉能历时一年，花费巨资规划出《金沙江中游河段水电规划报告》，为云南省政府设计了"一库八级"，总装机容量超过2000万千瓦的8座百万级水电站。野心勃勃的李河君甚至一度和云南省政府签下了其中的6座！所以，这对李河君来说，并不是一场没有准备的仗。在他看来，既然随着时代的发展，民营企业早晚会进军能源领域，而且并没有正式的法律文件规定民营企业不可以承建水电站，那么，颇有经验的汉能为什么要主动给自己设立限制，不去做那第一个吃螃蟹的呢？

熟悉李河君的人都不会对他上面这套"吃螃蟹理论"感到陌生：他是一个绝不会主动为自己的内心设置任何瓶颈与限制的人，而面对来自外界的限制与瓶颈，他则会铆足劲，各个击破。

建设金安桥水电站的第一个瓶颈是体制上的：汉能的水电站计划报上去之后，所有部委都批准了，只有发改委不同意。发改委觉得这根本不是一家民营企业能做成的事。有人建议李河君将这份合同转卖给有实力的国有企业，李河君坚决不同意。就这样，汉能与发改委僵持了5年时间，期间，李河君还一度手持与云南省政府的合同将发改委告上了法庭。最终，正如李河君判断的那样，高层觉得是时候给民营企业一个进入能源行业的机会了，以汉能为试点倒是个不错的选择，便同意将6座水电站中装机容量最大、资源最好的金安桥水电站交给汉能。同时，作为补偿，汉能可以部分参股其他5座由华能、华电、大唐等国有企业承建的水电站。这第一道制度瓶颈，就这样被执拗而耐心的李河君突破了。

第二个瓶颈来自技术。金沙江水流湍急，有多湍急呢？汉能做过实验，把几个20吨的石头绑在一起丢入江中，结果，转眼就漂走了。金安桥水电站光施工现场就长达8千米，坝高又有180米，种种技术难度超乎常人想象。除此之外，水电站建设带来的周边移民问题也让李河君头疼。虽然这些难题让李河君如今回忆起来仍"心有余悸"，但在当时他还是硬着头皮，逼迫自己和员工将它们一一克服了。其间的辛苦折磨，也许只有金沙江奔腾不息的流水和李河君自己知道了。

第三个瓶颈比前两个严重多了，那就是资金瓶颈。回忆那段"借钱开工"的日子，李河君心痛地说道："为了应对高峰时每天1000万元的投入，汉能把前些年建设的效益好的优质电站一个一个地出售，这些项目都凝聚了汉能人的心血，其中最可惜的是青海尼那水电站。"青海尼那水电站是汉能在2003年以12亿元收购的，当时已并网发电——水电站只要开始并网发电，就是源源不断的现金流——为了解决金安桥水电站的燃眉之急，李河君只得忍痛将它卖掉。但这还不算完，李河君说："在最困难的时候，汉能将多年积攒下来的风险准备金全部投了进去，金安桥水电站项目却像无底洞一样总也填不满，最后我们甚至从汉能高管个人和家里借钱投资金安桥。"借钱的尴尬并不是李河君最在意的，他最在意的是资金压力下军心的动摇。当金安桥水电站建到一半时，一个副总裁提出辞职，他觉得跟着李河君干没前途，甚至还可能因为还不上债而坐牢。

即便面对这么多瓶颈，李河君自始至终都没有动过放弃的念头。在他最困难的时候，也有人提出收购金安桥水电站，他要是同意，可以立刻挣300亿元。但李河君觉得：要是答应了，那不仅对不起自己，也对不起那些支持过他和汉能的人。事实证明李

第二章 和世界较劲，探知自己的极限——"疯子"智慧

河君的选择是明智的，他没有让支持自己的人失望，也没有让8年的努力白费。按照大多水电站2万元/千瓦的装机容量来算，建成后的金安桥水电站价值600亿元左右，除掉100亿元负债，净资产也有500亿元之多，相比300亿翻了近一倍！

或许你会觉得，李河君突破金安桥水电站种种瓶颈的故事过于宏大，与自己生活工作中的琐碎问题没有多少联系，那不妨回想一下：你是否因为自己的意见与领导、同事不同而选择修饰，甚至改变自己的观点？想想李河君是如何在众人的非议中坚持上马金安桥水电站项目的吧！你是否因为怕被客户拒绝而战战兢兢不敢大声说话？想想李河君是如何与发改委僵持博弈，甚至一度将其告上法庭的吧！你是否曾因为某几月的经济拮据就放弃了坚守多年的梦想，改做自己不喜欢的事？想想李河君是如何坚持自己的信念，用"8年抗战"将金安桥水电站建成的吧！

现在回想起来，这些还是问题吗？迈出第一步，坚持每一步，真的有那么难吗？其实，所谓的"困难"，更多不过是我们自己给自己设置的心理障碍而已。很多时候，当你勇敢地迈出了追寻梦想的那一步时，就会发现：困难不是真的，瓶颈也并不存在。即便它们真的产生了，阻碍了你前进的脚步，你追寻梦想的强大惯性也会助你将它们一一击溃！

中国领先一把：想人之不敢想，成人之不能成

毫不夸张地说，李河君是一个极有眼光的人，这既是他"君临天下"的气度使然，也是栖身能源界的现实需要。李河君很清

楚，要想在能源界活得更久，就必须不断更新自己的视角，开拓自己的视野。所以，他常常从一些极有远见的学者那里汲取智慧养分，以他们的观点为思考的坚实坐标，为自己和汉能寻找最恰当的方向。著名的美国未来学家杰里米·里夫金就是其中之一，他所著的《第三次工业革命》一书为李河君带来了不小的启迪和莫大的信心。

在这本书中，杰里米·里夫金通过大量数据分析预测道："人类历史上的每一次工业革命都将使世界发生翻天覆地的变化。如今，我们正处于第二次工业革命和石油世纪的最后阶段，第三次工业革命已经来临，这一次，新的通信技术和新的能源系统将再次结合，数以亿计的人将在自己的家里、办公室里、工厂里生产出自己的绿色能源，并在'能源互联网'上与大家分享，人类的生活和工作将从根本上发生改变……"李河君为杰里米·里夫金的预测感到着迷，因为这正符合他多年从事新能源领域的经验与判断。而且，杰里米·里夫金描绘的未来甚至比他预想的更加美好。

美好的未来通常意味着巨大的商机。回忆一下1995年以前的人们对互联网时代的幻想：点点手指就可以连接全世界，这在当时的人们看来就是美好到不可思议的景象。而那些试图将这份不可思议的美好变为现实的人，一个个都成了互联网时代的巨头，呼风唤雨。李河君从杰里米·里夫金预言的美好的第三次工业革命——尤其是其中的绿色能源革命里看到了巨大的商机，也看到了汉能未来的发展方向。

李河君认为：与前两次工业革命一样，第三次工业革命也必将带来生产方式、组织结构的深刻变革，彻底重构国家竞争力的基础、全球产业竞争格局，促成新的大国崛起。而错过了第一次工业革命、仅赶上第二次工业革命末班车的中国，如果能够抓住第三次工业革命的发展机遇，"中国梦"的实现将不再遥远。一想到此，李河君就兴奋不已："这些使我对自身所从事的光伏行业的前景、对光伏行业之于国家的战略意义有了更深刻的认识、更坚定的信心！"

对光伏新能源的重视并不局限在以李河君为代表的能源行业企业家当中，从国家战略层面来说，加快发展光伏产业的重大战略意义也是显而易见的，这一点可以从国家2012—2013年连续出台的一系列政策中明显地看出来：

2012年5月23日，国务院常务会议提出"支持自给式太阳能新能源产品进入公共设施和家庭"；

2012年9月12日，国家发布《太阳能发电发展"十二五"规划》，把光伏发电装机容量从21GW上调到30~40GW；

2012年11月9日，财政部、科技部、住房和城乡建设部、国家能源局联合下发通知，决定启动年内第二批金太阳和太阳能光电建筑应用示范项目；

2012年12月19日，时任国务院总理的温家宝主持召开国务院常务会议，研究确定促进光伏产业健康发展的政策措施；

2013年7月15日，国务院发布《关于促进光伏产业健康发展的若干意见》；

2013年7月31日，财政部发布通知，确定了分布式光伏发电项目按电量补贴实施办法；

……

政策上的扶持增添了李河君坚持光伏革命的资本，而来自《第三次工业革命》作者杰里米·里夫金的赞赏则加固了李河君的信心。2015年1月，李河君所著的《中国领先一把》的英文版 China's New Energy Revolution在美国出版，里夫金评价道："李河君深入有力地阐明了清洁能源已经做好推动第三次工业革命的准备。太阳能将会在由可再生能源驱动的全球经济转型中发挥日益关键的作用。他的设想曾经是遥远的想象，如今正变成现实。"里夫金对李河君的眼光与气魄大加赞赏，他甚至预言说："本书的观点不仅将改变中国，还将改变世界！"从这点来说，李河君绝不仅是一位以财富黑马的姿态闯入公众视野的成功企业家，更是一位极具国际视野与超前意识的思想者。

李河君很清楚：每一次工业革命的浪潮中，能源革命都是其中强有力的助推器之一。第二次工业革命的核心之一即是用石油替代煤炭的能源变革，而在这第三次工业革命中，以绿色新能源替代化石能源则是绕不开的重头戏。其中，对太阳能的利用又是新能源革命的重中之重。所以，李河君才毫不犹豫地让汉能全身心投入到光伏领域中。如果第三次工业革命的阵地就是光伏新能源，那么，在技术和资本上都有优势的中国和汉能为什么就不能领先一次呢？是的，第三次工业革命不在西方，而在中国！

悬崖冒险？你只是不知道我的安全路线

从借贷5万元创业到成为行业巨霸，甚至是世界领先，我们一直在强调，李河君是个敢于冒险，甚至是疯狂冒险的人，他的大胆无人能及，他的气魄让人胆寒。同行甚至评价说："他不是疯子，就是骗子。"他是疯子吗？从某种程度上来说，是的！但和别人因为盲目自大和意气用事"发疯"不同，李河君的"疯"，是他经过认真思索与反复检验的智慧积淀，而不是拍脑袋逞义气的蛮干。

李河君曾说过："核心竞争力是什么？就是告诉别人方法，别人也做不了。"他的"疯子"智慧就是这样一种别人只能模仿，却无法完全掌握的核心竞争力：有勇气的没他有资本，有资本的没他有勇气，既有勇气又有资本的，没他有眼光。很少有人会像李河君那样在一般人想都不敢想的领域里投入巨资，甚至是全部身家。最终事实又反复证明，他的冒险和疯狂是明智的。这就像老人常提醒我们不要把鸡蛋都放在一个篮子里，但有一种人每次都把鸡蛋放在一个篮子里，结果他反而最安全。

其实，走悬崖也好，放鸡蛋也罢，重要的不是别人眼中你是否在冒险，重要的是你自己是否明确自己脚下的路线。为什么成功属于李河君，而不是其他"疯子"？关键就在于此。

我们不妨看看李河君是怎样一步步走上世人眼中的"悬崖"的。

2006年，身为全国工商联副主席的李河君被推举为工商联旗下新能源商会会长，起初李河君并没有把这个职位当回事，但这份差事让他在阴差阳错间迎来汉能在商业上的华丽转身。最开始，习惯用"度电成本"来思考投资问题的李河君对光伏发电不屑一顾。当时光伏发电的成本大概在每度电3元左右，而那时水电的发电成本只有每度电8分，这之间的差距不言而喻。而且，据当时的专家预测，光伏发电成本从3元降到1元大约需要30年，从1元降到5角则需要整整50年！体验过"8年抗战"的李河君实在不愿再遭遇一次漫长的拉锯战。

不过，光伏行业的高速发展让李河君迅速转变了思路。从2006年到2009年，光伏度电成本只用3年时间便降到了1元，比专家预测快了10倍！2008年，全球光伏的安装量更是增长了一倍以上。这种迅猛发展的势头让李河君看到了期待已久的"市场空白点"！

2009年，经过3年多的行业熏陶与深思熟虑后，李河君终于下定决心进军光伏领域。但他一上来，就让许多同行、专家大跌眼镜：汉能只做薄膜，不做晶硅。太阳能电池可分为晶硅电池、薄膜电池和新型电池三类，由于新型电池造价高昂且多用于航天领域，因此可忽略不计。所以，在民用太阳能电池市场上，晶硅和薄膜是最主流的两种选择。而这两者比较起来，晶硅又占了较大的优势。在2009年时，晶硅在整个光伏市场中占据九成多的份额，薄膜则由于对技术要求较高，以及光电转化率较低而受到冷落。李河君的选择引来不少争议，就连当初在建设金安桥水电站时坚定地站在他身边的汉能执行总裁王勇也表达了反对意见。僵持不下时，王勇还拉着几位高管向李河君进言："要不您考虑下，我们两个都做，晶硅也做，薄膜也做？"但李河君认为晶硅与薄膜是替代关系，在战略上无法共存，因此他坚持"只做薄膜"！

李河君的坚持自然不是意气用事，他比任何人都清楚："的确，汉能干晶硅特别有优势。我们电价便宜，而晶硅成本中40%靠电。当时大家的意见是，在水电站旁边建一个晶硅厂，把所有竞争对手都灭掉，可以赚快钱。"但他经过之前3年的调研分析，已经预见到晶硅发展的"冬天"：晶硅市场占有率高，但入行的门槛较低，所以竞争相对激烈；晶硅原材料价格不稳定，近年来几次出现过山车式起伏，所以管控风险较大；太阳能虽然是清洁能源，但硅产业是一个高污染、高耗能的产业，所以存在国家政策上严加调控的可能。综上所述，只占不到一成市场，但发展潜力巨大、相对更环保的薄膜才是光伏产业发展的正确方向。

就这样，李河君又一次执拗地把宝都押在了一个众人不看好的地方。而且,他再一次做出了看似超出自己能力的超大手笔规划:他宣称要用3年时间做到2GW的薄膜产能,做到全球第一。彼时,全球在薄膜领域最有所建树的是美国第一太阳能,其产能经过10年的发展也才刚刚达到1GW,而李河君一上来就要做2GW,这让不少同行直呼"疯了"!但更让他们看不懂的是,3年之后,"不切实际"的李河君做到的产能不是2GW,而是3GW!2012年11月29日,备受争议的汉能在北京高调宣布:其薄膜太阳能组件的产能已经达到3GW,一跃成为全球最大的薄膜太阳能企业,同时也成为全世界最大的太阳能发电系统集成商。同时,汉能还宣布其掌握的7条薄膜技术路线中有4条都处于世界领先水平。

当然,这对李河君来说,还远不是结束。他在位于奥体公园的办公室墙上悬挂着摘录自古代智慧著作《素书》的巨幅书法:"贤人君子,明于盛衰之道,通乎成败之数……若时至而行,则能及人臣之位;得机而动,则能成绝代之功……"李河君追求的"绝代之功"是其宣称的"用清洁能源改变世界"。李河君的逻辑是:中国为什么就不能领先一把?为什么所有高新技术产业都要心甘情愿地让老外做第一?如此有潜力的一个行业,只要能全力去做,就一定会有极为光明的前景!所以,唯一的问题就是:为什么不呢?

饥饿感是最强的学习力,世界属于不满足的人

管理学大师德鲁克曾说过:"知识型社会的最大特点就是知识特别容易消亡。"这就决定了任何组织和个人在知识型社会里必须善于学习,通过持续学习来获得对社会的适应性。李河君提

醒我们：大到种族兴亡，小至职场沉浮，学习力、适应性和进取心是最重要的决定因素。恐龙不能适应气候变化就惨遭灭绝，蛇终生蜕皮学会适应气候变化从而存活下来；玛雅文明繁荣一时却悄然消失，犹太文明几经磨难而屹立至今；微软被苹果超越，索尼的随身听被数码产品取代……其命运迥异的根源就在于学习力、进取心的差异。

学习力直接决定了一个物种、一个组织、一个人的命运。

那么学习力的根源又是什么呢？李河君认为，学习力的根源是饥饿感。保持内心的饥饿感，才能拥有一台提供不竭动力的"永动机"。

关于"永动机理论"的具体含义，李河君解释：在"永动机理论"中，汉能强调"三心"：其一是责任心，任何一名汉能员工都必须有责任心，责任心是保证一切稳定运转的前提。而对中层干部来说，除了责任心，还要有上进心——要有野心上更大的舞台，去管更多的事，去成就更高的目标。只有努力进取，他们才可能成为汉能一往无前的"永动机"。最后，对于核心位置上的核心员工，还要加上事业心。这个事业心是不同于西方职业经理人的定位——在一家公司的管理职位上努力工作，拿到合适的报酬，再到另外一家公司去寻找合适的位置。汉能的事业心是要把汉能的事业当成自己的事业来做，一代一代地传下去，最终达到"用清洁能源改变世界"的终极目标。

责任心、上进心、事业心，就是让李河君成为首富，让汉能成为行业翘楚的内在动力。但从根本来说，"三心"是由饥饿感催生的。李河君进一步解释说：综观当今世界，企业间更新、淘汰的速度越来越快，呈现出令人眼花缭乱的景象。当一些著名大企业江河日下，难挽颓势之时，一大批中小企业却如旭日初升，光华显现。每年都有新公司创立和旧公司倒闭，即使有些公司发展好一些，也是各领风骚三五年，企业寿命呈缩短之势。企业要想保持昔日辉煌，越来越难了。从某种意义上说，市场竞争是一场不进则退、永无止境的竞赛。因此，永葆内心的不满足，才能跟上时代的脚步。

在硅谷，每年都有近90%的创新公司破产。企业和企业家信奉"世界属于不满足的人们"这句格言，很少陶醉在已有的成就之中，而是善于忘掉"过去"，面向未来，勇于变革。惠普公司原董事长兼CEO卢·普拉特曾说过："过去的辉煌只属于过去而非将来。"未来学家托夫勒也指出："生存的第一定律是：没有什么比昨天的成功更加危险。"葛洛夫也有一句名言，即"唯有忧患意识，才能永远长存"，并说英特尔公司一直战战兢兢，不敢有丝毫懈怠。李河君的"战战兢兢，如履薄冰"的危机意识，也早已深入到汉能的每一个员工内心深处。这种强烈的忧患意识和进取精神赋予这些企业一种创新的紧迫感和敏锐性，使企业始终保持着旺盛的开拓能力。

李河君不仅要求汉能员工时刻保持饥饿感，他自己也总是孜孜不倦地学习着。在他宽敞的办公室里，最让人侧目的不是气派的装潢，而是随处可见的典籍。除了成排的书架，他的办公桌上也常常摆满了书。有记者采访他时发现他正在读《乌合之众》和《杰克·韦尔奇自传》——前者是大众心理学的经典著作，后者则是被誉为"世界第一CEO"，通用电气前CEO的自传。李河君表示，他想学习的不是韦尔奇的成功诀窍，而是进取精神。

杰克·韦尔奇就是一位饥饿感与危机意识同样强烈的领导

者，当他在20世纪80年代初期走马上任时，通用电气正是美国最强大的公司之一。它既没有处于危机的剧痛之中，也没有被不时折磨大公司的诸多弊病所困扰。然而，韦尔奇一上任便指出：应该把通用电气公司放在全球性经济环境中来思考其未来，要为进入下一个世纪做准备。这里，所谓"全球性经济环境"的一个重要部分指的就是以日本企业为主的竞争。以他当时的话来说，就是"2000年后能否与国外公司竞争，是我们从现在起每一天都必须考虑的问题"。

韦尔奇进一步指出："在这个越来越小的世界上，胜者和败者的界线日趋分明，在这里没有'还过得去'的企业的位置。"他觉察到他面临的是一个不确定的未来，考虑到这些，韦尔奇担心通用电气的竞争者将因此而变得强大起来。他希望这个公司变得更有竞争力。为了达到这个目标，韦尔奇感到他需要一个运转流畅、积极进取的通用，这意味着当时的通用将被简化为一个较小的却反应灵活的通用。因此，韦尔奇采取了一系列复杂而艰苦的行动，并取得了辉煌成就，从而成为当今全球企业家的偶像。

饥饿感、学习力使企业中潜藏的能量释放出来，极大增强了自己的竞争力。杰克·韦尔奇提出的"无边界学习"重造了通用的辉煌，李河君为汉能建立的"汉林院"奠定了汉能的成功。李嘉诚、马云、任正非等企业家的成功也都是重视学习力，浇灌进取心的结果。数度带领联想走出危机的柳传志这样总结道："我为什么还能突破？其实有一个学习能力的问题。我其实是一个想努力提高学习能力的人，一直在想不断地创新，想领导着企业向高处走。"

同样，只有深具学习力，始终不满足的员工才能拥有最好的职业发展。刚进入职场的人，就像长跑赛场上的选手，大家都站在同一起跑线上。你必须明白，如果你不跑或速度缓慢，所有的人都会超过你，你将会成为最后一个；如果你不争取跑第一，那么别人就会成为第一。到时候，你的工作危机就会越来越大，不但成不了职场强者，甚至还会丢了饭碗。

也许很多人在跑步途中，发现自己前面和后面的人都很多，于是会对自己说："反正我不是最后一个，怕什么？"这种随意的态度使得他缺乏饥饿感，缺乏进取的动力。而事实是，在职场上，每个员工都是在逆水行舟，不进则退。没有人会等待你，更没人会谦让你。如果总意识不到这点，那么自然会被远远地抛在后面。而一个落伍者所面临的将不仅仅是危机，更有可能是淘汰。

而对于那些饥饿感强的人来说，他们同样会发现自己前后有很多人，但他们面对这样的境遇时会想："我不能让更多的人超过我！"所以，他即使不是第一，也永远不会成为落后的群体中的一员。他会努力使自己前面的人越来越少，饥饿感在他的头脑中起着决定性的鞭策作用：如果我不能用更大的毅力、更高的智慧超越别人，我就不能实现自己的价值；登不上最高峰，就不可能像雄鹰一样体会到气壮山河的骄傲。所以，就让我的饥饿感再强烈一些吧！

危机感确保安全性，最大的危险是昨天的成功

将主业做大做强，不仅能带来丰厚的利润，还能抗击风险。但若一味着眼主业，也会错失转型的契机，对企业长远发展不

利。因此，在金安桥水电站还未建成时，李河君已经开始考虑汉能未来的出路。2009年，汉能高调宣布进军光伏领域。这次战略转型出于李河君对能源行业未来的判断。他认为，未来是清洁能源的天下，而太阳能则是清洁能源的最终归宿。水电站虽然稳定，却终究会衰落下去，所以汉能必须尽早赶上光伏大潮。

这次转型在外人看来有点"冒失"，毕竟，金安桥水电站尚未建成，每天仍然需要投入海量的资金。这时候选择进军光伏领域，是否会两线作战，疲于应付？李河君不是没有想过这个问题，但他的危机意识提醒他：错过这次转型的机遇，汉能损失的可能不是一座水电站，而是整个未来。

李河君强调："做企业要有危机感，而且时刻都不能掉以轻心。"李河君知道汉能的成功并非偶然，也经得起挑战，但只有在危机感的鞭策下，在市场竞争的博弈中不断自我升级、自我完善，汉能才能永远都不出现致命危机。

的确，不管是身处商战中的大企业家，还是身在职场的小员工，危机意识都是生存、进步的必备素质。对此，新东方课堂上一则流传甚广的故事说得最为生动形象："静谧的非洲大草原上，夕阳的余晖普照大地，这时，一头狮子在沉思：明天当太阳升起，我要奔跑，以追上跑得最慢的羚羊；此时，一只羚羊也在沉思：明天当太阳升起，我要奔跑，以摆脱跑得最快的狮子。所以，无论你是狮子还是羚羊，当太阳升起，你要做的，就是奔跑。"这则故事李河君经常拿来与汉能员工分享，蒙牛的牛根生也曾多次讲给蒙牛的员工听。

这个故事的提出者"新东方"已经在中国教育行业取得了巨大的成就，但这并没有让俞敏洪就此高枕无忧，他反而比以前更恐惧，更忙碌。因为中国培训市场的竞争日趋激烈，新东方跑在第一位，很容易忽视身后紧跟的追赶者，自身的能力很可能会在不知不觉中降低，甚至退化。所以新东方的创业者们总是出去考察，学习国外先进的办学思维和模式，始终警惕地注视着自己前进的步伐，拓宽自己的视野，及时自我反省。俞敏洪认为，尽可能多地找时间到世界各地走走，是因为他们要不断吸收新的东西，他们的目光不可能总是停留在新东方的大楼里。

俞敏洪不仅要求新东方的股东们调整心态，保持强烈的危机意识，而且对新东方的基层老师仍然施行"打短工，拿高薪"的薪酬制度。俞敏洪对此的解释是：这样做能给授课老师危机感，使其主动提高教学能力，更新知识结构，从而确保新东方"学生是上帝"的办校宗旨。新东方老师之所以优秀，就是被竞争和忧患意识逼迫出来的。俞敏洪认为如果那些不能胜任的老师不离开，新东方的发展速度肯定跟不上老师进来的速度，这样会造成人才拥堵，教师队伍也会停止发展。所以，每个老师在新东方待了几年后，俞敏洪都给他们提供两方面的机会，一是新东方的内部调整，让其变成新东方的各级管理者，二是如果新东方内部确实调不开，或者这个老师认为自己不适合在新东方的管理岗位工作，新东方就会委婉地劝他去其他地方发展。

危机感在年轻企业家当中表现更为明显，聚美优品的陈欧即是一例。他曾说："企业家的不安全感才是企业发展的真正原动力。说句实话，你看今天马化腾、马云谁有安全感？谁都没有安全感，都在不停地往前奔跑，李彦宏也是如此。因为所有互联网公司都需要不停地革自己的命，否则就会被别人革命。"的确，在陈欧眼中，电商的节奏非常快，它不像某些传统行业——一旦在某个传统行业中占据领先位置就不用担心别人颠覆你。互联网本来就是容易被颠覆的行业,电商是互联网行业当中门槛更低的公司,尤其大公司打小公司,自损八百伤人一千的方式把小公司打得特别痛。电商行业的竞争决定了公司需要不停积累门槛才能活下来,而且没有一家电商公司可以说自己活得特别好,一旦你停下来,很快就会被瓜分。

李河君、俞敏洪、陈欧等人的例子让我们看到:这些身家以亿计的大企业家都每天活在危机中,我们又有什么理由不居安思危呢?为了应对潜在的危机,我们必须不断奔跑。

当然,只会跑不会停的"狮子"并不是最聪明的狮子。李河君也常常提醒汉能的员工:汉能应该成为"跑得最快的狮子",但是不要做盲目向前追赶的狮子。快,虽然是成功者的必备条件之一,但是,要防止一味快速奔跑而忘记企业管理能力的提升。他有一个"速度与发展"的观点,即只有知道如何停止的人,才知道如何加快速度。

在李河君看来,汉能这样的大企业就像奔驰、宝马这类豪车一样,它们的高质量不仅体现在发动机系统上,还体现在刹车系统上。你开这些车的时候,就敢于高速行驶,因为你知道,只要你踩刹车,车就能稳稳地停下来,不至于翻车或跑偏。但当我们开夏利车的时候,一定不会开得和奔驰车一样快,因为我们知道如果让它跑得太快,就不一定能一下刹住车。所以说,没有把握停下来的人一定跑不快。

第四章

撑到上帝出手的那一刻
——"驽马"智慧

坚守初心：初恋情人是最美丽的

企业家在创业过程中真正的财富究竟是什么呢？创业初期，李河君经常思考这个问题。

一个有关洛克菲勒的经典故事给了他不小的启迪：洛克菲勒自小生活贫寒，甚至捡过破烂，后来靠石油投资立业致富。鼎盛时期，他的财富达到美国国民财富的1/47；20世纪初美国经济大萧条时期，联邦政府曾经向他借过钱。可他并没有因巨富而改变自己的平民生活本色：在出差与旅行中，他总是选择坐飞机的经济舱、住一般旅馆，而他的儿子则选择坐头等舱、住豪华旅馆。这种反差让人奇怪，有人问他这是为什么，他的回答是："因为他的父亲是个富人，而我的父亲是个穷人。"

骐骥一跃，不能十步；驽马十驾，功在不舍。企业家的真正财富并不是货币积累，而是这种数十年如一日，不改初心的企业家精神！

企业家精神是由其信念、道德、品质、态度、方法及其实践共同形成的内在精神财富。正是凭借这种坚韧、执着的企业家精神，很多人尽管出身贫寒、受正规教育不多、创业资本有限，但仍然通过敢于实践、大胆挑战、百折不挠、不断提升，成就了日后的事业，创造了财富，也赢得了财富。

而在诸多企业家精神中，李河君发现"信念"是对无论创业还是守业来说都至关重要的核心精神。李河君在一次大型论坛上这样说道:"我觉得企业家精神第一条是为信念而战,为理想工作。如果盯着钱,最后结果是挣不到大钱,钱是副产品顺便挣来的。一个人最困难的时候是什么?就是坚持自己,坚持理想,这是很难的一件事。汉能18年来只干了一件事情,就是清洁能源,风电、水电、太阳能。现在,汉能是我们国家最大的民营经济发展企业,我们有600多万装机量。大家知道我们的太阳能是全球老大,我们的对手利用8年时间,就是240万装机,汉能利用3年时间超越了它,它只有两条经营路线,而我们有8条,也是全球薄膜太阳能的最高水平。为什么汉能会有今天的成绩?回到我刚才给大家讲的一句话,我们从成立那一天起,就坚持一个理念,即用清洁能源改变世界,只做清洁能源。"说到这里,李河君感慨道:"在座各位知道18年干一件事不是那么容易,我不知道在座各位是不是也有这种体会。"

李河君想必是回忆起当初耗时8年建设金安桥水电站时的种种艰辛才有这番感慨。的确,创业的成败取决于眼光和实力,但随着创业过程的展开,当现实不断质疑你的眼光,消磨你的实力时,有几个人能坚守初心,始终对自己的"初恋情人"不离不弃呢?在被问及对年轻企业家有什么建议时,李河君总是不厌其烦地强调:"坚持。做一件事情至少坚持10年,或者一直坚持下去。我们往往高估了1~2年的变化,而低估了5~10年的变化。如果你在自己的领域长久坚持自己的目标,你一定会为自己所取得的成绩惊讶。很显然,你需要找到正确的事业去坚持。"

也许有人会质疑:能源行业,尤其是水电站,因为其建设周期的客观规律,所以坚守是必备的素质。而我们大多身处于各行各业风云变幻的局面当中，坚守说不定只能换来竹篮打水一场空。李河君指出：这种说法忽略了一个基本的前提，那就是"最初的判断"的价值：一件事如果值得去做，那它就值得被做好。创业不是挑拣芝麻或西瓜，创业是自己找一块沃土去培育自己看上的作物。如果土地并不贫瘠，你手中的种子也不是坏的，而你却用三天打鱼两天晒网的态度去栽培它，那自然只能颗粒无收。

从这点来看，身处变动更剧烈、更频繁的互联网行业，被李河君取代的前首富马云更有说服力。在回顾阿里巴巴的创业历程时，马云总结了企业发展的经验，其中有一条就是：坚持自己的理想，初恋情人是最美丽的。在他看来，创业就是坚守最初的信念，把看中的项目当成自己的初恋女友，在风雨中守护她，在阳光里陪伴她，在漫长的时光中将她变为最美丽的女人。这个观点和"马云成功的背后是无数中国女人"的经典玩笑相映成趣。

阿里巴巴从成立以来一直备受质疑，但是马云说自己不怕骂，在中国反正别人也骂不过他。这个"火星人"永远坚信一句话：你说的都是对的，别人都认同你了，那还轮得到你吗？你一定要坚信自己在做什么。

马云坚定不移地走着电子商务的道路，尽管电子商务也许3年、4年甚至5年都挣不到钱，但马云相信8年、10年后一定能够挣到钱。所以，阿里巴巴坚持把钱投入电子商务中。直到今天，马云仍觉得自己当时的战略举措是对的，在诱惑面前、在压力面前阿里巴巴都没有改变。

这也是马云最值得我们尊敬的地方：他有一个坚定的信念，并甘愿为这个信念鞠躬尽瘁。他坚信互联网会影响中国、改变中国，坚信中国可以发展电子商务。相信电子商务要发展，必须先

第四章
撑到上帝出手的那一刻——"驽马"智慧

让客户富起来,如果客户不富起来,阿里巴巴就是一个虚幻的东西。马云希望阿里巴巴为中国创造更多的百万富翁、千万富翁。秉持这样的信念,马云才一步步将阿里巴巴做到今天这样的规模。

回顾自己的创业经历,李河君和马云提醒年轻人:既不要"晚上想想千条路,早上起来走原路",也不要"总惦记那些未选择的路"。其实,创业并不在于想法多么出色,而是要随时准备将自己的想法付诸实践。这种坚韧、执着的精神才是他们手中最值得我们羡慕的财富。

信则成:三颗"信"铸就"李氏精神"

李河君不以智商称雄,也不用情商制霸,而是以"逆商"笑傲财富榜,这不得不说是一个颇值得研究的案例。当我们都将自我提升的目标局限在工作能力与沟通技巧上时,你是否想过个人精神有时会起到至关重要的作用呢?

个人精神是个综合概念,每个人都有不同的归纳与表述。对李河君而言,让他从众多企业家当中突出重围的"李氏精神",是由3颗"信"构筑的。

第一颗"信"是:信心。有人质疑李河君和汉能的万亿光伏计划是一个过于庞大的赌局,他们很可能会步尚德与施正荣的后尘。李河君却淡定地表示:"企业家跟冒险家或赌徒最大的区别就是:企业家知道这个事情的最坏结果是什么样,同时结果发生时他能承受。"这种预见性和可承受能力使得企业家区别于赌徒，也使得李河君区别于施正荣。李河君甚至云淡风轻地表示："对我而言，如果汉能转型不成，也就相当于水电站5年不发电。"

李河君的信心不仅来自汉能水电积累的雄厚资本，让他说话如此有底气的更是他对未来的清晰判断。李河君经常以科普的口吻向媒体讲述传统能源带来的严重的污染问题："人类第一次钻木取火时，就是通过燃烧获取能源的。此后，不管是煤炭、石油、天然气，还是现在流行的页岩气，都是通过燃烧取得的，人类不得不忍受大量的二氧化碳及其他有毒气体排放，雾霾的形成就与之有一定关系。"他进一步指出薄膜太阳能将为世界带来巨大改变："而薄膜发电的最大不同是，让人类像叶绿素一样直接把光能变成电能，没有媒介，完全不用燃烧，直接利用，没有污染，而且太阳能用之不竭，取之不尽。所以这是人类的终极能源利用方式，彻底颠覆了传统的能源利用方式。"李河君表示薄膜太阳能将引领人类的第三次工业革命，而汉能早已为这场革命做好一切准备，这也是汉能敢于说出"汉能大了，雾霾就少了"的底气。

自信的李河君甚至做出了一个"最大胆的判断"：30～50年后，能源不会缺乏，反而会过剩："不仅办公楼、住宅能发电，我们每个人穿的衣服、戴的帽子、背的包、用的手机、开的车，只要贴上薄膜电池，就能成为发电站，能源将无处不在。"

诚然，自信有时也会导致自大，信心带来的有时也是盲目。但李河君的信心是有严格边界的，他很清楚：首富今年是我，明年就是别人，财富榜上的数字是不可靠的，心中的信仰才价值连城。李河君没有为眼前的成功沾沾自喜，他再三强调："挣大钱的目的是干什么？是为了干大事。什么是汉能的大事？成为一个伟大的企业，让清洁能源来改变世界。如果达到这个效果了，我愿意当这个首富；如果达不到这个效果，首富就没有意义。"

第二颗"信"是：信念。信心固然是成功企业家最根基的精神，但要想从"成功"迈向"伟大"，还需要"信念"带来的质变。在残酷的竞争与莫测的变幻中，一个企业家要想保持充沛的信心，坚守最初的理想，是难之又难的。但正是因为信念难得，所以它带来的收获也是最丰盛的。在首富闪耀的头衔下，李河君始终保持清醒，在媒体面前不厌其烦地强调自己的成功秘诀就是坚持："坚持是一个企业家非常重要的品质。如果企业家坚持不了，肯定做不成。能坚持不一定做得成，不能坚持肯定做不成。"

李河君将自己的坚持哲学概括为"一九法则"：一件事情，你坚持90%的时候，只有10%的收获，但坚持到最后的10%，你就有90%的收获。汉能就是"一九法则"最好的例子：金安桥水电站未建成时，李河君与汉能费尽心力收获的也只是世人的观望、猜疑；而当他们咬紧牙关将最后的10%做成时，迎接他们的是一场被称作"小型春晚"的庆典：全国政协副主席宣布金安桥水电站正式发电，云南省省长亲自启动水轮机模型，央视著名主持人主持典礼，众多知名歌手登台演出助阵……而这，还仅仅是汉能丰收的开端。

李河君提醒正在创业的年轻人："前面的90%非常困难，你不能坚持住，就只有10%的收获甚至更低。"无独有偶，马云也十分看重信念的价值："对所有创业者来说，永远告诉自己一句话：从创业的第一天起，你每天要面对的是困难和失败，而不是成功。"困难不能躲避，不能让别人替你去扛，任何困难都必须你自己去面对。创业者任何时候都要勇往直前，而且要不断创新和突破，直到找到一个方向为止。跌倒了爬起来，又跌倒再爬起来。如果说有成功的希望，就是我们始终没有放弃。

第三颗"信"是：信誉。李河君的父亲从小便教育他做人要讲信用，这也是李河君功成名就后最感谢父亲的地方。在接受《环球时报》记者采访时，李河君明确表示："关于企业家精神，我有一个体会。好多年前，我看了一部电视剧叫《乔家大院》，去年我专门到山西参观了乔家大院，他们有副对联特别好。上联是'经商有道惟存厚'，我给它改了一下：经商有道惟存信。核心就一个'信'字，你有信念了，别人信你，你就有信誉。下联是'处事无奇但真实'，处理事情没什么诀窍，你得真实。你肯定有毛病，有缺点，但是不要紧，把自己真实的一面表露出来就好了。"

老话说："天底下最容易挣的是钱，最难挣的是信誉。"的确，资金是企业的血液，是企业生命的源泉。而信誉、诚实也是企业的生命，有时甚至比生命还重要。"不只是商人，一个国家都是无信不立。"李河君认为，事业上的"信"与对他人的"诚"是分不开的，一家公司一旦建立了良好的信誉，成功和利润便会自然而来。他认为，创业时要有追求理想的决心，同时要有信用，让人家对你有信心。没有建立信誉时，是你四处找人合作；等你有了信誉，别人都会排队来找你。

信心、信念、信誉，这就是李氏精神的核心所在。李河君多次在汉能高管会上分享这份心得："第一，你要有信念，只有为了信念理想干，你才足以支撑自己；第二，你得有别人的信任，别人不信任你不行；第三，人要有自信，自己都不相信自己，肯定成不了事。"

扛得越久赢得越多："逆商"高才有资格拥抱春天

对于创业者来说，一旦竞争，就要拼出个你死我活，就意味着可能面对惨败，这是一件很残酷的事情，每个创业者都在这紧张的现实前压力重重。但是，在李河君看来，商场就是战场，只有扛得住死亡压力，血拼到底的战士，才能活到最后。

李河君对年轻人说："做企业，最需要的能力就是顶得住压力。大家能从媒体上看到，每年都有企业家自杀。这就是抗压能力不够，这种压力是现在在座的同学所无法想象的，在学校，你们有老师；在家里，你们有父母；只有作为一把手的时候，才知道什么是真正的压力。"李河君还援引曾国藩讲过的一个小故事做出了说明："有两位挑工，在一个窄小的田埂两边相遇，谁也不肯让对方先过，怎么办呢？那就大家都挺着，每个人都挑着100斤的担子，看谁挺得住，最后有一个坚持不住，掉下去了，那另一个挺住的就过去了。"

李河君认为，每个创业者都是田埂上的挑工，谁能扛到底，谁就能跨过障碍，到达自己想去的地方，收获报酬。所以，抗压能力是所有企业家必不可少的一种素质。李河君甚至在智商、情商外又发明了一个时髦的词汇——"逆商"，他说逆商就是逆境下能够扛住压力的能力，拥有高逆商是市场对所有企业家最基本的要求。

李河君自己的逆商几乎是无人能及的，因为他的汉能曾无限接近死亡。在承建金安桥水电站的8年里，庞大的资金投入压得他喘不过气来，最高一天1000万元的投入掏空了他多年的积蓄，他不得不发动高管和亲戚到处借钱，而完工之日似乎遥遥无期。在这种巨大的压力下，一向团结的汉能领导层也有人辞职了，他们辞职的理由是："再这样借下去非坐牢不可。"李河君不是没想到这一点，但是他做的最坏的打算不是坐牢，而是自我了结——有传言称资金压力最大时，他连遗书都写好了。但是，巨大的压力始终没有打败李河君，他撑到了金安桥水电站并网发电的那一天。李河君在竣工仪式上听到金沙江翻滚不息的水声时，感到一切都值了！

　　这段8年磨一剑的经历让李河君从此能够坦然面对一切压力。有一次，李河君代表中国民营企业家去日内瓦联合国总部参加"政府在促进企业社会责任方面的作用"会议。由于场合非常正式，发言者都是念稿，演讲效果不佳。李河君发言的时候，却是自信满满地脱稿演讲。他解释说："我认为要利用这个国际大舞台锻炼一下抗压能力。"结果证明李河君的抗压能力是超一流的，8分钟的演讲得到了与会人员热烈的掌声。讲话完毕后，胡德平部长给了他热烈的拥抱，他说："你真给中国民营企业家、给中国人争光！"

　　李河君很清楚：没有人天生就喜欢打打杀杀，喜欢在重重压力下讨生活，但是为了生存与发展，不得不参与竞争，勇敢面对各个方面的压力，提高自己的逆商。而且，压力除了是背上的巨石，也可以是个人素质的磨刀石，可以把自己磨得越来越快、越来越亮。

其实，身处现代职场里的每个人都能感到日常工作中大大小小的压力。巨大的工作量、复杂的人际关系、瞬息万变的职业需求以及对公司倒闭、裁员和减薪的担心，都使我们承受着压力，严重的情况下甚至会导致一些精神问题。因此，处于职场的高压中，我们应该学会定期调整自己，系统地修炼自己的逆商。下面的"十步诀"，便可以作为一张自我调整、提升逆商的处方。

第一步，精神超越——重新定位人生观和价值观。卡耐基说："我十分相信，拥有正确的价值观是获得内心平和的最大秘诀之一。而我也相信，只要我们能定出一种个人化的标准，一种衡量与我们的生活相比什么样的事情才算值得的标准，我们的忧虑有50%可以立刻消除。"

第二步，心态调整——以乐观积极的心态拥抱压力。法国作家雨果说过："思想可以使天堂变成地狱，也可以使地狱变成天堂。"如果危机的产生是因为自己能力不足，那么解决问题的整个过程，就应该被视作使自己提高和成长的重要机会；如果危机的产生是因为环境或人为因素，则可以通过理性的沟通进行解决，即使无法解决，也可以抱着乐观的态度去宽恕。如果一个人能够保持正向乐观的心态去处理问题，他得到满意结果的概率就会比一般人高出近20%。

第三步，理性反思——学会自省和倾吐。当我们面对压力时，"如果没做成又如何"的自我询问并非都是借口，也可以是一种有效的舒缓压力的方式。同时，记压力日记也是一种简单有效的理性反思方法，既可以帮助我们总结出应对压力的经验，也可以作为一种倾吐郁结的方式。

第四步，建立平衡——留出休整空间，工作压力不能带回家。再忙也应该留出休整的时间，与家人交谈、阅读、冥想、听音乐、处理家务和参加体育锻炼都是获得内心安宁的绝佳方式，持之以恒地交替使用你所喜爱的解压方式并培养理性的习惯，你将越来越明显地体会到休整的益处。

第五步，时间管理——把握主动权，不要让事情来安排你。对自己的工作要有一定的前瞻能力，通常可以把重要但不紧急的事放到首位，防患于未然；那些总忙于四处救火的人，他们的工作将永远处于被动状态。

第六步，制订计划——当一个人有一个完美的计划表，而且能够逐步实施时，就不会产生无谓的压力。因为，一切尽在掌握之中。计划表是一个很好的"监督者"，它能督促你一步步实现每一个目标；计划表又是一种软性的压力——只有跳起来才能够得着。当你对要做的事情有详细而周密的计划时，很多压力都会被消解。

第七步，分清主次——许多人做事的标准是完美无缺。事实上，并非所有的工作都要尽善尽美。当有数不清的工作涌来时，有些工作做到80分就足够了，保证最重要的事得100分才是最要紧的。

第八步，加强沟通——不要独揽压力。压力过大时，应该主动寻求上司的协助，而不是沉默不语。另外，还可以主动寻求心理援助，比如与家人朋友倾诉交流或是求助于专业人士。

第九步，提升能力——能力提升是消除压力最直接有效的方法。能力的提高使我们更善于解决问题，这就从根本上解除了压力的困扰。

第十步，生理调节——学会放松，保持健康。加强锻炼、保

第四章
撑到上帝出手的那一刻——"驽马"智慧

证睡眠、注重膳食营养,都可以增加你的精力和耐力,帮助你有效对抗压力引起的疲劳。

从另一个角度来看,适度的压力对我们的身心健康并无大碍,反而能起到积极的促进作用。只要我们善于调整,就能够"化压力为动力",让自己处于良好的应激状态,以恰到好处的兴奋感、更为努力的姿态和更强烈的热情去完成工作,从而使自己得到全面提升。

顽强而精明的"赌徒":撑到上帝出手相助的那一刻

李河君外表儒雅,但身体里流淌着"赌徒"的血液。汉能发展至今,最关键的两个契机也被同行称为"豪赌"。而曾在李河君身边工作过的人则透露:李河君偶尔也喜欢去澳门一掷千金。这种说法虽被李河君本人所否认,但的确符合他在商场中给人的固有印象。但是,若据此就把李河君的创业能力概括为一个"赌徒"的运气,那也太小看他了。

纵观汉能的整个发展历程,最重要的两次"豪赌":一次是金安桥水电站,这次李河君"赌对了";另一次则是薄膜太阳能,现在汉能与李河君还身在赌局之中,结局未知。但仅仅凭借这个未见分晓的"赌局",李河君已经成为中国新首富,倘若他的光伏梦成真,那他的财富和影响力将更加不可估量。

我们不妨抛弃对李河君的"赌徒"偏见来仔细分析一下:在这两次"赌局"中,李河君究竟做对了哪些事。

在正式建设金安桥水电站之前，李河君已经在水电领域耕耘多年。当时，李河君已积累了8000多万元的资产，原先的产业已经不需要这么大资金的投入了，于是他决定寻找合适的投资领域。那几年，中国民间资本曾掀起一股小水电投资热潮，一个学金融的朋友建议他买几个优质的小型水电站。经过调研，李河君发现这种清洁能源很对自己的胃口，于是便成立华睿投资，开始了自己的清洁能源事业。

后来，随着监管的规范紧缩，大部分民营水电企业渐渐退出这个行业。就在大部分人打退堂鼓的时候，李河君却敏锐地觉察到一个良机：一次，统战部、全国工商联、中国光彩事业促进会组织全国民营企业家到云南进行了一次投资考察活动，李河君以华睿投资董事长的身份随行。在听到云南省领导介绍说"当地1亿千瓦装机的水能资源有待开发"时，大部分民营企业家不为所动，李河君却仿佛发现了一块巨大的蛋糕，当即决定与云南省政府详谈合作事宜。

经过调研，李河君决定接下金沙江中游"一库八级"水电站中的6座，首先开发的便是金安桥水电站。2002年4月5日，李河君与云南省政府签订了《云南省金沙江金安桥水电站投资开发协议书》，协议里的要求包括：2002年年底完成金安桥水电站预可行性研究报告，2004年完成可行性研究报告并开始施工准备工作，2005年完成电站工程投标并正式开工建设，2009年第一台机组发电。

同行之所以将李河君承建金安桥水电站的行为称为赌博，关键不是水电站建成后能否赢利——这几乎不是问题，水电站建成后运营成本低，而生产的"产品"完全不愁销路。同行真正质疑

第四章
撑到上帝出手的那一刻——"驽马"智慧

的,是李河君有没有这个实力。

的确,在建设金安桥水电站的过程中,李河君数次弹尽粮绝,四处借贷,甚至有传言称他连遗书都写好了。但正如他在2011年3月27日的金安桥水电站发电仪式上所说的:"要努力到上帝出手相助的那一刻为止。"在运气青睐你之前,要先用自己的坚韧撑到那一刻。任何投资在本质上都是赌博,但对李河君来说,金安桥水电站不是投资,而是事业和梦想。为此,他愿意赌上一切。这才是对他"赌徒"身份的最佳注脚。

李河君不是在赌一枚硬币落地后是正是反,他是在赌自己能不能坚持手握那枚梦想的硬币,永远不落地。从这点来看,那些很早便抽身离去的民营水电企业缺少的并不是运气,而是撑到运气青睐自己的勇气和耐心。

金安桥水电站的成功证明李河君作为一个顽强"赌徒"的"自我修养",但让李河君逢"赌"必赢的并不只有性格,还有精明的脑袋。

李河君的"赌局"是一环套一环的,水电资产是汉能相对其他太阳能企业最大的优势。一来,水电所产生的稳定的收益可以为李河君在光伏领域的"豪赌"提供现金流;二来,这些优质水电资产还能作为关键时的抵押,获得银行的优质信贷。在保障自己拥有了源源不断的"赌资"后,李河君还想方设法地"拉别人下水",均摊风险。

李河君一上来就提出百亿、千亿投资计划,以迎合许多地方政府急于招商引资的心理,采用"三三制"的投资策略:汉能出资1/3,地方政策出资1/3,银行贷款1/3。通过这种模式,李河君不仅进一步保障了自己的"赌本",还成功地"绑架"了地方政府，使得汉能的项目能够在最大程度上获得保障。这种方式虽然受到同行诟病，但的确为汉能逆市扩张，全面布局光伏领域带来了腾飞的力量。

即便是汉能投资的那1/3，李河君也不急于全面投入，因为在他的光伏生态圈中，他有更庞大而细致的规划。李河君提出打通全产业链，实现"一基两翼"：以传统清洁能源水力发电板块为基础，以太阳能研发与生产等高科技能源板块为左翼，以太阳能光伏应用等为右翼。"一基两翼"的全面布局形成了汉能完整的清洁能源产业链和价值链。为此，汉能的投入将是无比巨大的。

就拿技术来说，薄膜太阳能电池的关键在于转换率偏低，这是薄膜太阳能电池与晶硅太阳能电池竞争中的关键因素。为此，汉能频繁收购德国、美国的薄膜技术公司以期尽快实现技术突破。从这点来说，李河君和汉能是在用钱换时间。汉能早一天实现薄膜技术的历史性突破，李河君才能早一天吃下定心丸。

有人抱怨汉能在与各地政府签约后迟迟不肯动工，其实，这是因为汉能现在所做的一切还只是热身运动，只有等到技术出现突破，汉能的手脚的筋骨才能真正舒展开来。现在盲目投产只会因为筋骨未开而造成后继乏力的窘境。从这点看，向来"疯狂"的李河君是十分谨慎的。

综上来看，李河君作为一个"赌徒"，既是顽强的，也是精明的。但正如前面所说，任何投资都会有风险。倘若你撑到最后一刻，上帝也不愿伸出援手呢？这是李河君需要担心的问题，也是我们每个人在创业、投资时需要审慎考量的。

傲气源自傲骨：沸水沉浮，方有茶香

相对于万达和阿里巴巴，李河君的汉能对公众来说相当陌生，即便是太阳能行业的同行，也对汉能薄膜发电的1700多亿元市值表示"看不懂"。一方面是众人的陌生与怀疑，另一方面是汉能股票的节节攀升，在以1600亿元问鼎中国新首富之后，李河君的身家还在不断增长。对此，各种猜忌和阴谋论甚嚣尘上：李河君是个大忽悠？汉能终将败局？他有后台撑腰？

面对这些风言风语，李河君只是淡淡地表示："他们都没读懂汉能。"李河君对汉能股价的大涨这样解释："以前市值不高是因为投资人不懂汉能，不理解，做短期投资。现在，越来越多的投资者读懂了汉能，知道薄膜发电、移动能源拥有无限的想象空间。"同时，李河君也承认这里存在"客观原因"：汉能股份结构调整，成为绩优股。

这种回答并不能让质疑者满意，他们又提出汉能薄膜发电的业绩多来自"关联交易"：自2010年以来，汉能薄膜发电总计148亿港元的营收几乎全来自向母公司汉能集团销售所得。对此，李河君毫不讳言："关联交易是一个过程，之前大家不知道什么叫薄膜、移动能源，大股东扶持一下，就像父母扶持孩子成长。关联交易的目的是为了不关联交易，孩子长大了，父母就会让他面对风雨，但在他只有三五岁的时候不行。"李河君表示，2014年汉能薄膜发电已经变成"成年人"了，前几年的关联交易,这两年已经"彻底突破",2015年则会更少。

我们不难发现,无论面对何种质疑,李河君总是表现出相当淡定和自信的一面。对此,《南方周末》的记者问道:"帮'不懂'汉能的人问一个问题,李主席为什么这么自信,关联交易还这么理直气壮?"李河君毫不犹豫地回答说:"自信来自对事物的深刻理解,因为我对这个行业理解得透彻。"他在"透彻"这两个字上加了重音,进一步解释说:"2006年施正荣他们做的时候,我做全国工商联新能源商会会长,光伏就研究了三四年,2010年1月汉能正式开始做薄膜,当时很多人做多晶硅,汉能不做,这是基于对行业的战略判断,那就是薄膜化、柔性化是太阳能产业的发展方向,现在来看越来越正确。"

李河君的自信是有资本的,汉能薄膜发电现在1700多亿元市值,是太阳能行业全球市值排名第二到第六名的企业市值总和,李河君笑言:"这已经代表市场的回答。"谈及汉能薄膜发电的未来,李河君还乐观地表示:"汉能有个'121计划',2020年我们公司实现销售收入1万亿元,市值2万亿元,盈利1000亿元。我相信这一天一定会到来,只是需要一点时间。"

李河君是在吹牛吗?他说世人"看不懂"汉能又是否太过傲气?汉能凭什么从质疑声中稳步向前?我们知道,没有傲骨做支撑的"傲气",是肤浅的,是经受不住打击的,谈不上真正的"傲"。因为人的一生充满了挫折、伤痛、磨难甚至绝望,由此带来了层出不穷的压力。畏惧压力,或轻易被压力击垮的人,只是"伪傲者",他们更适合躲在宁静的港湾里,欣赏别人的成功。李河君当然不是一个"伪傲者",他在压力和挫折的海洋中自由航行多年,早已掌握将沉重压力转化为无限动力的秘诀,所以总能气定神闲地到达自己期许的成功彼岸。

我们欣赏强者"谈笑间，樯橹灰飞烟灭"的骄傲与自信，却很少看到他们之前经历了怎样的"卧薪尝胆"。人生的漫漫旅途中，崎岖山路总是多于康庄大道，曲折坎坷总是多于一帆风顺，谁都会在生活工作中遇到挫折，感到沮丧、自卑。如何面对遭遇挫折时的负面情绪正是区分成功者和失败者最好的标尺。

用李河君十分欣赏的一首禅诗来解释最为恰当："刀山剑树为宝座，龙潭虎穴作禅床；道人活计原为此，劫火烧来也不忙。"在刀山剑树上安然静坐，于劫火熊熊时入定参禅。这不仅是一种非凡的修行过程，它本身就是一种修行的妙果。如果世人都能达到禅诗中的境界，在工作的挫折不如意中拿出"明知山有虎，偏向虎山行"的精神来，定然能按下挫折那一度耀武扬威的虎头！届时挫折只能用来证明我们意志的坚定。

在承建金安桥水电站前，李河君不是不知道这项工程的难度之大、耗时之久；在进军薄膜光伏领域之前，李河君不是不知道薄膜发电技术门槛之高、投入之巨。但这些都不能击退李河君对自己判断的自信。李河君说："汉能的战略优势在于战略的前瞻性，我们做金安桥水电站干了8年，当时所有人都质疑，不相信我们能干成，我说我们能干成，几百亿元的投入，结果证明我们是对的。汉能薄膜，起初所有人，包括公司一些高层也反对，都想过做晶硅，因为挣钱快。当时高层甚至说一半做晶硅，一半做薄膜行不行，最后被我否决掉，就要把薄膜做起来。现在看来，大家都觉得汉能的路子很正确。"

有记者问李河君："从战术上讲，是不是当时也考虑过如果做晶硅，花很大的力气也不一定能做到行业第一，因为已经有英利、尚德在?"李河君却表示:"恰恰相反,当时如果做晶硅会很简单,汉能的水电产业基础好,与薄膜相比,晶硅的投资只有1/8,而我们选择了投资额高8倍的薄膜。做晶硅很快,不到1亿元的投资就可以做起来,而薄膜有资金、技术双门槛。正因为薄膜难度很大,所以很多人做不了。"

选择技术门槛更高、投入更大的薄膜,除了战略上的自信,李河君的人生智慧也给了他底气。在李河君看来,做人也好,做企业也罢,都像泡茶:用水不同,则茶叶的沉浮就不同。用温水沏的茶,茶叶就轻轻地浮在水面上,没有沉浮,茶叶怎么会散发出清香呢?而用沸水冲沏的茶,冲沏了一次又一次,浮了又沉,沉了又浮,沉沉浮浮,茶叶就释出春雨般的清幽、夏阳似的炽烈、秋风似的醇厚、冬霜似的清冽。

芸芸众生,又何尝不是茶呢?那些不经风雨的人,平平静静地生活,就像温水沏的淡茶平静地悬浮着,弥漫不出他们生命和智慧的清香。而那些栉风沐雨、饱经沧桑的人,坎坷和不幸一次又一次袭击他们,他们就像被沸水沏了一次又一次的茶,在风风雨雨的岁月中沉沉浮浮,溢出生命的一脉脉清香。

正如罗曼·罗兰所说:"痛苦是一把犁,它一面犁破了你的心,一面掘开了生命的新起源。"作为一个现代人,应该具有迎接挫折与痛苦的洗礼的心理准备。世界充满了成功的机遇,也充满了失败的可能。艰难困苦、无边压力会磨炼人的坚强意志,这种坚强意志也是我们成事的心理基础。在尘世翻滚的沸水里历经沉浮之人,才能在功成名就的午后,静静品味自信从容的芳香。

第五章

竞争不是死磕，学会"搭便车"
——借力智慧

能用10亿元买来的技术，别用10年去发展

2014年8月13日，汉能控股集团向外界宣布完成对美国阿尔塔设备公司（Alta Devices）的并购。在被汉能并购之前，阿尔塔设备公司曾于2012年和2013年连续获得由美国麻省理工学院《科技创业》杂志评选的"全球最具颠覆性创新公司50强"，其拥有的砷化镓（GaAs）柔性薄膜电池技术，是目前为止世界上最薄、最轻，也是转化效率最高的太阳能柔性薄膜技术。经过美国国家可再生能源实验室认证，其单结电池片的发电效率为28.8%，双结电池片的发电效率可达30.8%——这是截止到2014年全球薄膜太阳能电池技术转换率的最高纪录。

这项并购是汉能实现"整合全球薄膜发电技术"的长远目标的重要一步，却不是第一步，在此之前，汉能已经相继收购德国的索利博尔公司（Solibro）、美国的米尔索勒公司（MiaSolé）以及全球太阳能公司（Global Solar Energy）。得益于这几次收购，汉能一跃成为全球太阳能光伏行业的技术领导者，并凭借"高科技+能源+互联网"的独到创新理念被麻省理工学院《科技创业》杂志评为"全球最具创新力企业"。夸张一点说，汉能在光伏领域的领先定位与创新技术不是通过自主研发"攒"来的，而是通过准确的并购"买"来的。业内人士认为，汉能的屡次并购是全球顶尖科技融合以及商业模式拓展的又一经典案例。

竞争不是死磕，学会"搭便车"——借力智慧

对现代高新技术企业来说，创新固然是重中之重，但创新不是闭门造车的执拗，而是博采众长的灵活。中国的技术发展在整体上本来就比欧美落后，落后还不知道学习，不知道通过资本优势收购并快速吸收，那就只能越落越远了。这点海尔的张瑞敏深有体会，海尔兼并过的许多企业都有关起门来搞创新的习惯。如贵州风华冰箱厂原来是兵工厂，后来转型开始生产民用冰箱，结果该企业在市场上备受冷落，经营步履维艰，难以为继，请海尔去收购。

张瑞敏前去考察，结果大吃一惊：这个厂技术力量十分雄厚，高级研究员就有200多人，优良的技术装备也出乎所有人意料。经过两天的了解，张瑞敏发现问题其实就出在创新思路上。原来这批高水平的技术人员以前研究高精尖的国防产品，转而开发民用产品后，觉得太简单，甚至见了进口的冰箱生产线也觉得非常简单，就正式向上级提出不用花钱引进设备和技术，自己动手就可以建造，保证质量不会比外国的差。结果，按照他们在白纸上画出的美观精细的设计图建成生产流水线后，无论怎么改造，流水线质量都赶不上进口设备。张瑞敏告诉他们：设计理想并不能代替工艺技术。闭门造车、自以为是的结果只能是故步自封，被同行远远甩在身后。

关起门来创新，创新就会失去方向和生命力。正是早早看清了这一点，李河君才在投入光伏领域之初，就制订了将世界一流的薄膜发电技术整合为自己所用的计划。李河君很清楚：抱负归抱负，技术归技术。眼界再高，也无法超过技术的限制。所以，为实现汉能的光伏梦，他必须放下民族企业家完全立足自身搞研发的"骄傲"，以谦逊的姿态将世界最先进的薄膜发电技术收为

已用。在并购阿尔塔的新闻发布会上,李河君表达了自己对先进薄膜发电技术的尊重与渴求:"阿尔塔设备公司拥有世界一流的太阳能电池技术的研发团队。阿尔塔的薄膜技术在弱光条件下与其他太阳能电池相比产生更多能量,而且可以应用在各类移动电源领域。这将改变太阳能的利用方式!"而之前的数次并购已经让汉能成为业内不可小觑的先进技术拥有者,所以阿尔塔的总裁兼首席执行官克里斯·诺里斯(Chris Norris)也在发布会上向汉能表达了自己的敬意:"本次并购是基于阿尔塔与汉能对太阳能前景判断一致的自然结果,我们认为柔性化、薄膜化是光伏行业发展的未来。汉能拥有雄厚的技术、研发和资金实力,与阿尔塔在太阳能电池技术方面的研发创新相补充,会进一步提升阿尔塔的技术实力与产能,扩大应用领域。"

显然,李河君的这次并购看重的并非资本收益,而是技术收益。这次并购完成后,阿尔塔作为汉能的全资子公司将独立运营。它对汉能最重要的价值在于有效拓展汉能的薄膜发电技术路线,进一步巩固汉能在全球太阳能光伏行业的技术领先地位。李河君表示:双方早在5个月之前(即2014年3月)就已经展开合作,阿尔塔在美国的工厂已经开建,预计2015年5月就可以正式投产。李河君这么早布局,这么殷切地展开项目,就是希望强化核心技术的优势整合,尽早完成汉能为任何移动、可携带及可穿戴设备提供高效、稳定的薄膜发电电力供应的技术目标,以此为基础开拓国际市场,增强与战略性大客户之间的合作。

李河君的并购式技术创新取得了立竿见影的效果,就在宣布并购阿尔塔的同一天,一项颇受瞩目的创新"绿色合作"项目诞生。汉能与国家体育场(鸟巢)联合宣布:汉能正式成为国家体育场的战略合作伙伴以及清洁能源技术唯一合作伙伴。双方签订的合作期限为5年，5年内，汉能将利用其掌握的先进的薄膜太阳能发电技术不断提升国家体育场的环保节能水平。

　　国家体育场是中国的地理新标志，代表了中国进步与发展的新形象。它在选择战略合作伙伴，尤其是代表科技前沿的清洁能源技术领域的合作伙伴时，一定会着重考虑该企业所具备的技术创新能力、国际竞争力以及行业的领先地位。而汉能通过几次并购与多年积累，已经成长为世界领先的清洁能源企业，它不仅拥有清洁能源领域领先的核心技术，同时还在国际能源领域树立了威名。基于上述原因，汉能被国家体育场选中也就不足为奇了。

吃"休克鱼"，激活别人的同时升级自己

　　在国际上，兼并整体上可分为3类：当企业资本存量占主导地位、技术含量并不占优的时候，是"大鱼吃小鱼"，大企业兼并小企业；当技术含量的地位已经超过资本作用的时候，是"快鱼吃慢鱼"，像微软起家并不早，但它始终技术领先，所以能很快超过一些老牌电脑公司；还有一种是强强联合，即所谓"鲨鱼吃鲨鱼"，美国波音公司和麦克唐纳·道格拉斯公司之间的兼并就是这种情况。除此之外，还有一种比较特殊的类型，就是吃"休克鱼"。所谓"休克鱼"，是指硬件条件很好，技术积累很强，但由于管理跟不上或者资金周转不灵而岌岌可危的企业。这种企业由于经营不善，落到了市场的后面，但有眼光有实力的企

业将其兼并后，只要在管理制度和资金等方面进行合理投入，那它很快就能重振雄风，为兼并者提供异常丰厚的回报。

李河君就是一个吃"休克鱼"的高手。2013年1月9日，李河君以汉能控股集团董事局主席的身份正式宣布完成对美国加利福尼亚的世界顶级薄膜太阳能组件制造商米尔索勒公司的并购。而此次使得汉能一举获得世界先进CIGS技术的并购只让李河君付出了极低的代价。

在国际光伏市场初露曙光之时，米尔索勒受到资本市场的热捧。在先后10年里，约翰·道尔等世界最具传奇色彩的风险投资家先后向米尔索勒投资超过5亿美元，使其市值一度达到约20亿美元。但好景不长，2012年6月，欧美对于光伏产业的信贷政策发生巨大变动，由于奥巴马对新能源政策的倾斜，美国的银行开始收紧对光伏企业的贷款，这导致许多拥有国际领先技术的薄膜企业的资金链断裂。无法通过银行融资的众多薄膜企业急需国际现金流的支持，否则它们的经营将陷入绝境，作为行业翘楚的米尔索勒也不例外。

就在此时，李河君看准时机适时抄底，通过购买米尔索勒库存产品的方式向米尔索勒提供了当时唯一的现金来源。李河君成了米尔索勒的"财神爷"，当李河君停止购买其产品时，米尔索勒的人甚至主动飞到中国请求李河君的资金支持以解决人员开支与日常运营。一来二去，李河君提出收购米尔索勒也就顺理成章了。虽然李河君在发布会上没有透露具体的收购金额，但据多方消息透露，其价格远低于对方12亿美元的报价。

我们现在可以说，李河君通过逆市收购捡了一个大便宜。但时间退回到对光伏产业堪称灾难的2012年，失去信心的投资人对

第五章 竞争不是死磕，学会"搭便车"——借力智慧

光伏产业避之不及：旧资本想尽办法脱手，新资本不愿投入。在这种大环境下，那些所谓的"便宜"自然无人问津。而李河君进军光伏产业并不是一次单纯的资本投资，他的眼光与战略部署要比普通投资人长远得多。投资人眼中的"烫手山芋"，正是他战略版图中的赤色要塞。从这点来说，即便不是以极低的价格抄底，李河君也会不惜代价地拿下米尔索勒。

收购完成后，米尔索勒作为汉能的全资子公司独立运营。汉能保留了米尔索勒的工厂和员工，并为其提供强大的资金支持。为了表达感激，米尔索勒公司的员工特意制作了一段颇具创意的《光伏江南Style》视频，用当时颇为流行的方式为汉能和李河君送去了新年祝福。视频前半段还是正经的高层会议，米尔索勒各部门向汉能汇报其2013年工作计划，视频后半段却以轻松幽默的方式表达了米尔索勒员工"起死回生"后的兴奋：欢快的《江南Style》的旋律中，米尔索勒员工在生产车间里开心地跳着骑马舞，并向汉能和李河君表达感谢与祝福。米尔索勒员工表示他们非常骄傲能加入汉能大家庭，并对未来充满期待。

米尔索勒并非李河君吃掉的唯一一条优质"休克鱼"。早在2012年10月，汉能就已经成功收购德国的索利博尔公司。在发布会上，李河君介绍说："在CIGS技术领域，索利博尔是当之无愧的先锋。现在索利博尔已经成为汉能引领全球太阳能光伏技术的重要战略组成部分。"而这场重要的收购依然只花费了汉能极低的价格，有消息称收购价甚至只有其市值的1/10。

索利博尔同样是因为资金问题而陷入运营困难中，而在汉能注资并提供多种支援后，它迅速恢复了活力，先后于2013年10月与2014年4月达到CIGS太阳能电池19.6%与20.5%的转化效率，这

一成绩令同行惊诧不已。

汉能不仅激活了索利博尔,也全面升级了自己。汉能高级副总裁周捷三表示:"索利博尔将为汉能注入不可估量的能量。它不仅将大规模生产CIGS电池板,同时也将为汉能内部设计建设CIGS生产线,并将保持在CIGS领域领先的研发能力。"汉能的资金成为索利博尔持续发展的底气,索利博尔429人的团队则成了汉能引以为傲的技术资产。

其实,吃"休克鱼"并非李河君的独门绝技,它最初是由海尔的张瑞敏提出来的。1998年3月25日,张瑞敏应邀登上哈佛大学讲坛,"海尔文化激活休克鱼"的案例正式写进哈佛大学教材。当时,由于管理不善、企业资不抵债,青岛红星电器公司身处破产的边缘,像这样的企业海尔就叫它"休克鱼",虽然还没有彻底死掉,但马上要休克了。海尔立即决定兼并它,并在接管以后确定一个思路,就是用海尔的无形资产去盘活这个有形资产,也就是说用海尔文化做有形资产,去激活这个还没有完全死掉的"休克鱼"。

海尔集团总裁杨绵绵回忆这段经历时说,兼并后第二天,她带领企业文化、资产管理、规划发展、资金调度和资金认证五大中心人员来到红星电器公司,贯彻和实施企业文化先行的路线,把海尔这种精神植入红星的身体。随后,海尔人员到红星给他们所有的中层干部开会,讲海尔创业的故事,鼓舞了他们奋发向上、勇争一流的勇气。1995年10月,这个企业扭亏为盈,第五个月盈利150万元,第二年通过ISO国际质量认证并荣获中国洗衣机十大名牌。

从汉能与海尔的例子不难看出,吃"休克鱼"既是一种兼并策略，也是一种资本运营方式，更是一种自我升级的捷径。汉能的国际化战略、海尔的多元化战略，都得益于成功运用吃"休克鱼"的方式进行资本运营、技术升级，在最短的时间内以最低的成本将企业规模做大，将企业技术积累到世界领先水平，从而在世界经济全球化造成的市场竞争日益激烈的环境中站稳脚跟，大步前行。

声誉来自实力，形象来自合作，品牌来自国家

有人说，中国还未进入品牌时代，一个品牌两年不打广告就会被消费者遗忘，反过来，两年的时间就能打响一个新品牌的知名度。很多人因此宣称，中国只有"名牌"，没有品牌。这些"名牌"也只有知名度，缺乏美誉度。

中国究竟有没有进入"品牌时代"呢？这个问题就像之前有人热议的："中国有没有真正的贵族？"最后，本土大企业家告诉我们："中国没有品牌，只有知名度高的'名牌'。"而文化界人士则告诉国人："中国没有贵族，只有富豪。"这些说法不禁让人感到沮丧，但只有直面现实，正视差距，我们才有迎头赶上的机会，否则只会被甩得更远。

李河君也深知品牌战略的重要性，他要做的是一家致力于改变世界的企业。从2012年起，汉能在国际舞台上动作频繁，先后以几次并购展现了汉能在提高薄膜技术方面的决心。在2012年收购德国薄膜光伏企业索利博尔之后，2013年1月，汉能完成了对美国

米尔索勒公司的收购。李河君谈道："我们历时一年半，组织专家筛选了欧美、日本等总共700多家企业，选定技术领先的公司，进行全球技术整合。此次完成对米尔索勒公司的收购，是汉能在全球技术整合方面一个重要的里程碑。汉能代表中国企业，已经站在世界薄膜太阳能技术的最前沿。"李河君通过这种举措向世界表明：汉能不是一家偏安一隅的企业，它的目光面向整个世界。

随后，汉能又与国际巨头展开薄膜太阳能电池应用方面的深入合作。在和宜家中国地区完成愉快的合作后，宜家将汉能的太阳能系统拓展至英国、荷兰及瑞士，并计划于未来18个月内进驻另外6个国家。另外，汉能家用薄膜发电系统还于2014年10月在荷兰宜家门店开始销售，于12月在瑞士宜家门店推出。而这些跨国合作、地域拓展、品牌展销，都是"汉能"品牌战略的重要组成部分。

2014年6月15日，国际汽联世界耐力锦标赛——勒芒24小时耐力赛赛事期间，汉能太阳能与阿斯顿·马丁赛车签署了合作伙伴协议，成为阿斯顿·马丁赛车"独家太阳能技术合作伙伴"，双方将展开合作，计划在"国际汽联世界耐力锦标赛"上利用汉能太阳能的柔性薄膜发电技术，提升赛车性能。

同年，国际汽联电动方程式世锦赛首站赛在北京奥林匹克公园拉开帷幕。作为赛事的官方太阳能合作伙伴，汉能薄膜发电集团有限公司将为赛事提供全球领先的太阳能快装电站，为赛事提供清洁电力。这是汉能在国际大舞台上的又一次惊艳亮相。

当然，建立品牌并不只有跨国合作，利用国际巨头提升自己的品牌形象这一条"洋路"。李河君对汉能的品牌定位是中国的

第五章 竞争不是死磕，学会"搭便车"——借力智慧

苹果、三星。而要做成一个国家的标志性企业，除了要在国际上享有盛誉，在国内的形象也十分重要。李河君在公开场合总是不断强调汉能对祖国的一片热忱与贡献，他说："汉能的汉是大中华之意，能很简单，就是能源。前面是中华，后面是能源。所以，汉能乃中华能源也。"他在当选中国非公有制经济十大先进典型时所发表的获奖感言，也是以《汉能，因祖国强大而强大》为题，他在演讲中强调："经常有朋友问我，汉能完全可以急流勇退，为什么还要进入投资规模更大、技术风险更高的太阳能行业呢？我认为，对中华民族复兴的信心和信仰，一旦融到企业家的血液里，就一定能产生一种无穷的动力。汉能有今天的发展，是顺应了中国发展的大势。汉能，因祖国的强大而强大，也理所应当以更大的业绩回报我们的国家，为祖国的强大而拼搏。"

这些对祖国的殷殷之语在同行看来不免有些"假大空"的意味，但这并不妨碍汉能受到各地政府的青睐。汉能有资本、有技术、有国际声誉，还有一片报效祖国的热忱，他们不支持汉能支持谁？在中国在可再生能源问题上遭受西方质疑时，李河君站出来辩护，他在《金融时报》上发表文章力挺祖国："质疑者忽略了这样一个事实：中国的2030年目标并非是没有政策基础的激进行为，相反，它有现实基础做铺垫。2013年，中国是世界上可再生能源领域的投资大国，中国的水电装机容量和风电装机容量均是世界领先，并在太阳能的新安装量方面超越德国领跑世界。"李河君对祖国的忠诚并不仅仅体现在对其声誉的维护上，在履行企业的社会责任上，李河君也贡献不小："汉能带动了1026家中小企业的发展，创造了20万个就业岗位。随着汉能的强大，我们能做的贡献将会更大！2020年，汉能要做到万亿元

销售额。我们希望汉能将来能够像三星在韩国、苹果和微软在美国一样，成为中国的代表企业之一。到那时，我们希望能够给国家贡献两个世界500强企业。"

两个世界500强企业！汉能不仅要让祖国为自己感到骄傲，还要让全体中国人因自己而自豪。回想阿里巴巴在美国上市，一跃成为市值仅次于谷歌的全球第二大互联网企业时，多少国人为之感到兴奋。而汉能的目标不是世界第二，它想为中国赢得第一。正是依托于这种品牌设定，李河君的汉能树立起了良好的形象。

对手也是帮手：和高手过招，才能成就大师

借力并不仅仅是"搭便车"，有时，主动向高手挑战、与高手过招，也是让自己迅速成长为大师的捷径。在汉能之前，美国的第一太阳能（First Solar）是全球最大的薄膜太阳能组件生产商，在2009年第四季度单条生产线产量已经达到年产53.4MW。通过发展低成本的清洁、可再生能源发电，第一太阳能为人们提供了一个可持续的常规能源来源。第一太阳能掌握着先进的第二代光伏发电技术——碲化镉薄膜技术，引领着世界光伏领域的革命，在全球市场占有接近20%的份额，国内厂商还无法与之匹敌。

然而，一个初生牛犊不怕虎的中国企业改变了这个现状。2009年，汉能进军光伏领域，李河君宣称要用3年时间做到2GW

第五章 竞争不是死磕，学会"搭便车"——借力智慧

的薄膜产能，做到全球第一。彼时，美国第一太阳能的产能经过10年的发展也才刚刚达到1GW，而李河君一上来就要做2GW，这让不少同行直呼"疯了"！但更让他们看不懂的是，3年之后，"不切实际"的李河君做到的产能不是2GW，而是3GW！2012年11月29日，备受争议的汉能在北京高调宣布：其薄膜太阳能组件的产能已经达到3GW，一跃成为全球最大的薄膜太阳能企业，同时也成为全世界最大的太阳能发电系统集成商。同时，汉能还宣布其掌握的7条薄膜技术路线中有4条都是世界领先水平。

李河君对此并不觉得意外。他说：改革开放以来，许多本土企业在政府的扶持下都有了长足的发展，但其中真正能长久屹立不倒并不断发展壮大的，无不具有开拓精神和敢于竞争的勇气。不断和高手过招，才能成就真正的大师。汉能和李河君深知这一点。在和原先的行业巨头对垒的过程中，汉能不仅收获了继续和国际品牌竞争，甚至超越它的信心，也积累了相应的心得与策略。

李河君尊重国外的同行，但一点也不怵他们，因为李河君认为，在中国本土成长的企业家"永远在风浪中前进"。他夸张地说："我们是从死人堆里爬起来的。我认为中国企业家最根本的东西，是应该有中国底蕴、国际视野。外面那些东西说得难听一点，没什么难学的。相反，我们中华文化上下5000年博大精深，外国人想学谈何容易，不是那么容易。所以，这是外国人永远学不了的，这是我们中国企业家的核心竞争力。"

也许我们对汉能将国际巨头挑落马下的例子并不熟稔，那不妨来看一个我们更耳熟能详的例子：顺丰。早年，随着中国加入WTO，按照国际服务贸易总协定（GATS）的约定，中国将逐

步开放包括快递在内的各个物流领域。以联邦快递（FedEx）、美国联合包裹（UPS）、德国敦豪（DHL）和荷兰的天地快运（TNT）为代表的海外快递巨头们垂涎庞大的中国市场已久，为了能够在市场中抢占先机，早早地就在中国市场谋篇布局了。

王卫有比一般企业家更为开阔的国际视野，当同行们还在为内地市场里的细枝末节僵持不下时，他已经感受到海外巨鳄的威胁。所以在顺丰高速扩张内地快递市场的同时，王卫就开始将顺丰带向中高端市场，积极开发高端商业客户。正因为王卫有着明确的战略目标，顺丰才得以从低端市场中脱身，不再以低价格等粗劣的竞争手段获取市场，转而打造高质量的客户服务。

王卫的这种做法开了国内民营企业之先河，直到今天，依然有大量的快递企业使用降低价格等恶性竞争手段。低价格一时会获得不错的效果，但即使具体环节的战术正确也弥补不了战略方向的致命错误，终有一天，消费者会忍受不了低质量的服务，抛弃此类快递企业，那时就是这类企业寿终正寝之日。

王卫做了大量领先行业的尝试，譬如全直营化就是为顺丰将来在与海外巨鳄的正面交锋中存活下来而做的努力。不过，王卫并没有太多的时间，因为巨鳄们面对着美餐而享受不得，几欲发狂，联邦快递等企业早就开始不断以GATS为依据向政府施压。

对于如何应对并追赶国际四大快递公司，王卫有着独立的思考，在一次采访中，他说出了内心真实的想法："首先，当然是要确立目标。我们说追赶国际快递大企业，追赶的是什么？我想首先不是规模，而应该是服务质量和声誉，追求像他们一样受到消费者的认可和社会尊重。

"其次,是要评估好自己有没有实力去实现这个目标。基础不稳的话,在上面盖房子很容易变危楼,如果塌方影响更大。民营快递行业这两年才刚刚发展起来,所以,我们要对自己有一个清楚的评估,要脚踏实地一步步走。至于能走多快、走多远,我认为并不需要苛求。一旦发现基础不能支撑,要赶紧调整节奏。

"同时,中国服务业企业能不能保持又好又快的发展,也要看国家的产业政策能不能持续稳定。对民营快递企业来讲,如果国家鼓励,企业的发展步伐就能快一点;如果政策变来变去,企业发展就会愈加艰难。所以中国民营快递能走多快、走多远,和政府的决心不无关系。其实,民营快递企业想要的并不多,2007年政企分开以后,昔日的竞争对手变成了行业管理部门,之后行业政策一直稳定,政府帮忙解决了多年来企业靠自己一直解决不了的问题,比如解决提高分拨环节机械化水平所需的土地、车辆进城难问题等,在经营规范方面也给了我们很多指导。我们并不是说非要政府给多少补贴,一些小问题企业自己也会尽量想办法解决。关键是国家大的政策环境要支持民营快递企业的发展,这对我们至关重要。

"另外,我还想说一点,中国民营快递行业现在的确有些欠缺,投诉也比较多,这是产业发展的一个必经阶段。因为和国际成熟企业相比,我们毕竟太年轻。特别是面对市场需求的陡然增加时,我们的运送能力难免一时难以支撑。但也要看到,中国快递行业整体服务质量近两年进步其实非常大。特别是新邮政法颁布实施这几年,民营快递企业投入扩大再生产心里有了底,不仅是顺丰,几乎所有民营快递企业都是一年一个样。以前民营快递企业因为拿不到土地，上不了机械化设备，都是靠人工分拣，效率不高还容易出错，一出错邮件肯定就要延误。这两年，几家大快递公司每年都有新的分拣中心建成，机械化水平越来越高，分拣速度越来越快，而且用皮带轮传送快件，抛扔的情况也少了很多。以前，你想知道快件运到哪里了，只能给业务员打电话查询，还不一定能查到；现在，几家大快递公司都能提供快件跟踪服务，在网上一查就能知道快件哪天哪个时段到了哪里，有些甚至还能查到是谁处理的。公司对运输车辆也都有远程监控，运输人员也不可能中途调包了。

"所以，希望大家能对我们多一点耐心。现在各家民营快递企业都已经认识到提高服务质量的重要性，都在加大这方面的投入。但要看到明显效果，可能还需要一段时间。我相信，只要国家大的政策环境不变，中国民营快递企业5年之内一定会有一些亮点！"

此后的几年时间内，王卫的确做到了这一点，不仅稳稳抓住中高端快递市场，同时还进入其他非传统领域和行业，希望能够找到更多稳固顺丰的支撑点，让顺丰在高速奔跑中保持平衡。不过，此时的顺丰依然远不是海外快递巨头们的对手，王卫需要继续在有限的时间内带着顺丰尽可能地向巨头们靠近，不远的将来，国内快递企业没有了国家政策之手的帮助，那时国际市场的考验才真正到来。

李河君、王卫等人和国际巨头过招的经历，说明在经济全球化的浪潮下，中国本土企业完全有能力利用自身对本土市场的了解，设计一套更加灵活和实用的竞争策略，以应对跨国企业的挑战，甚至是主动挑战跨国企业。汉能与顺丰的高速发展，也让许多民营企业看到了行业标杆和方向：只要抓住时间发展壮大自己，未来与海外巨鳄们的较量，最终鹿死谁手尚未可知，也许蚍蜉撼大树，并非可笑不自量。

"看不懂"的扩张之路：学会借势才有底气逆市

扩张是企业发展的必由之路，甚至很多企业还未赢利便已经开始扩张的脚步，这正是"先造势，后取利"的围棋博弈战略思路：规模到了一定水平，势起来了，利自然也就跟着来了。更重要的是，在任何一个行业里，你不做大，就会有人做大，等别人做大做强了，你就没有话语权了。美国的一份调查数据也显示了"争做第一"的重要性：调查人员调查了美国2000年25个消费品类中的龙头企业，结果发现，它们当中有22个在70年前就是美国该品类当中的翘楚。事实表明：一个企业在某个品类中做到第一的位置后，其竞争对手就很难再撼动它的地位了。趁行业势力的划分还不明朗，必须尽快抢占市场份额，在夺魁之战中占据有利的地形。

但是，扩张不仅需要资本，更需要策略。每家企业的扩张之路都不尽相同，换句话说，别人的扩张经验是很难借鉴的，我们能做的是学习他们在扩张过程中表现出来的眼光、魄力。中国的企业家从来不缺乏扩张的野心，他们缺的是独到的眼光和正确的方法。通常来说，企业扩张最好的节奏是"稳而不慢"：不盲目追求扩张的速度和企业的生产规模，根据企业发展的现实需要来制定稳健而不滞后的扩张战略。

但是,这种"稳而不慢"的策略往往是无法人为掌控的,一来商场风云变幻,本没有百分之百稳健的策略;二来同行虎视眈眈,做到什么程度才算"不慢"?这些复杂而多变的问题使得不同行业的企业家有时不得不采取一些在别人看来有些冒进的扩张战略。其中,最为人津津乐道的就要数"逆市扩张"了。逆市扩张也是一种"搭便车"的高级借力智慧,只不过它借的力不是同盟或对手,而是行业大势。

逆市扩张做得好就能迅速抢占市场空白,在雨过天晴的时候一跃成为行业龙头,做得不好则会陷入尾大不掉的泥潭,慢慢耗尽发展资本。但是,无论如何,企业在发展过程中或多或少、主动或被动,可能都要经历几次逆市扩张的"豪赌",赌对了迅速扩张发展壮大,赌错了损失惨重长期低迷。所以,企业领袖对逆市扩张时机的把控十分重要。

汉能从2009年进入光伏领域,到近些年一跃成为行业翘楚,正是得益于2012年李河君的逆市扩张策略。2012年下半年开始,全球光伏市场遭遇前所未有的寒冬:许多光伏明星企业,如赛维LDK、无锡尚德相继倒下。这一方面是因为欧美国家政策调整,对光伏产品的需求锐减;另一个方面则是因为2010年光伏投资过热,许多企业盲目地投资、扩充产能,一下子把所有同行都逼到了绝境。

中国本身并不是一个光伏消费大国,一直以来,中国接近95%的光伏产品都以出口为主。尤其以德国、意大利为代表的欧洲国家,一直都是国内光伏企业的主要出口国。以德国为例,在德国政府持续不断的高额补贴下,德国光伏市场快速增长,而其

第五章 竞争不是死磕，学会"搭便车"——借力智慧

中的受益者就是众多来自中国的光伏企业。2009年，德国新增光伏装机容量达到3.8GW，其中超过一半都是从中国进口的。但这种现象使得中国的光伏企业开始突进狂飙，等2008年金融危机慢慢展现威力，欧美政府开始有意识地控制光伏产业的发展速度，并通过减少对光伏产业的补贴来降低财政开支时，它们就失去了赖以生存的市场。

然而，在一片愁云惨淡的情况下，当所有光伏企业都选择冷静下来，放缓投资脚步时，李河君却反其道而行之，高调宣布再投资270亿元，建成全球最大薄膜太阳能组件。2012年年底，李河君还宣布，汉能的光伏组件产能已达3GW，超越美国第一太阳能公司，成为全球第一。这种做法再次让同行惊呼"看不懂"，李河君的选择似乎已经是"逆势"，而不只是"逆市"了。

但李河君不这么认为，他说自己早就预言了多晶硅的寒冬，而汉能从事的薄膜太阳能电池才是光伏的未来，因为它不仅在原材料上避免了硅产业的高污染，其应用也相对于多晶硅更加广泛灵活。有记者就汉能逆市扩张的选择问李河君："目前薄膜跟晶硅相比，在转化率上并没有优势，产品在市场上也非常少，短期不太具有竞争力，汉能的市场要怎么来做？"

李河君自信地回答说："你说的市场上的量现在很少，没错，这是事实。为什么少？那是因为薄膜行业的门槛非常高，产能难度非常大，投入的成本太高。但是未来的方向还是薄膜，我们现在转化率每年保证提高1%，意味着成本降低5%～8%。汉能现在光伏以民用为主，工业为辅。因为工业屋顶，我们还没有那么大的产能。如果是民用，就不需要过多考虑这个成本，例如太阳能汽车，我们比的是油，我们的成本只是燃油的1/6到1/8。比

如手机充电，你可能也不在乎成本，电充满就好了。"

李河君认为，汉能和之前陷入光伏泥沼的太阳能企业，从对未来的判断到战略思路上都有本质的不同。他坚信薄膜发电和移动能源将改变世界，他现在做的不过是提前抢占有利地形罢了。汉能不会做"逆势"的事，李河君也从来都是以顺应时代大势来制定自己的投资策略的。当然，汉能的未来究竟是否像李河君形容的那么光明，我们不得而知，但很清楚的一点是，李河君所描述的那个以薄膜为基础的移动能源时代倘若真的到来，汉能不仅会立于不败之地，还会因为早于对手好几步的布局，抢得一块超级大的蛋糕。

其实，很多大企业家都进行过这种看似困难重重，事实上机遇万千的逆市豪赌。20世纪80年代初，李嘉诚在英国投资当初并不被业界看好的橙黄电信，短短几年后，这家公司一跃成为业界的明星企业。但此时李嘉诚出手卖掉了橙黄电信，净赚1180亿港元。2002年，李嘉诚又以2.5亿美元买下了环球电讯公司资产，因当时电信市场低迷，李氏的出价仅为环球电讯提交破产申请时宣布的224亿美元资产总额的1%。事后证明，这也是一次成功的赌博。

这是金融市场的逆市，我们再来看看实业界。在金融危机时，当同行们因为售房量大减、房价大降而人心惶惶，巴不得把房子当烫手山芋纷纷抛售的时候，万达的王健林反其道而行，在不到一个月的时间拿出50亿元来购置土地、开发项目。他的观点是："如果大家都等好时机，看准了才出手，那赚的就是一个平均利润。只有大风险，才有大收益。"

王健林对房地产市场始终保持着极好的信心。他是这样分

第五章 竞争不是死磕，学会"搭便车"——借力智慧

析的：2008年1～9月，全国房地产销售额不到1.3万亿元，同比减少1万亿元。2007年全国购地投资3.1万亿元，2008年1～10月购地投资1万亿元左右，投资降幅在50%以上。但是从2007年的三、四季度就开始的这一轮楼市下跌实际上是综合各种因素造成的，最大的因素是美国次贷风波。次贷风波波及全球资本市场，也导致中国股市暴跌。

实际上，全球金融危机带来的最大影响是降低了人们对未来的良好预期，加之近一年来国家在宏观政策上的调控，大部分消费者的观望心态十分浓重。不过，这并不代表房地产业会崩盘，因为国内房地产市场的刚性需求还很大，观望并不代表长期不需要买房。更何况，房地产在中国经济中的重要作用也决定了政府不会坐视不管。据上海银监局2008年5月发布的一份报告，金融安全的一半系于房地产。

正是基于对中国房地产的信心，基于对中国经济发展不会崩盘的判断，从2008年10月下旬开始，万达在华北、华东、华南3地连续出手：10月27日与成都市金牛区签订"金牛万达广场"项目，预计项目总投资80亿元，前期到款近20亿元，成为四川省第一家在成都买地投资的大型房地产企业；10月28日，万达以18.8亿元的价格摘得唐山市300亩的核心地块，预计总投资80亿元；在上海，11月19日，万达作为唯一的投标者，顺利地以2400元/平方米的超低价格拿下了上海市2008年度最大的一块综合性经营用地。

经济低迷时，地方政府需要通过投资来拉大市场需求，这个时候房地产企业拿地的价格自然很低。也就是说，低迷的时候是赢得企业利润的最好时机。万达长期坚持逆市扩张策略，目前已

开发出90多座万达广场,并且连续几年保持每年开业十几座的速度。为什么市场萧条没有阻止万达广场常旺的态势?王健林说他逆市常胜的秘诀就是:开店前的精准研究,强化非零售业态,商业管理是核心。最重要的,他认为万达的扩张看起来是逆市而为,其实是顺势布局,这为万达赢得了无人能撼动的行业龙头地位。

第六章

逻辑就是利益：
理科生的终极游戏
——博弈智慧

选择上的"酒吧博弈":热门不常热,冷门不久冷

2009年,对水电行业的漫长周期心生厌倦的李河君,在新能源商会熏陶、浸淫了3年后,终于在光伏行业找到了他眼中的亮点:不做晶硅,做薄膜。对于李河君的这个决定,许多人都认为他"疯了",因为在光伏行业中,晶硅占据着九成的市场,而薄膜的比例还不到一成。即便是在汉能公司内部,对于两条不同战略路线的选择也是争论不休。

但李河君无视众人的反对,坚持做薄膜不做晶硅的决定。在他看来,晶硅和薄膜是一种替代关系,就像黑白电视和彩电的关系,或者是286、386电脑与iPhone、iPad的关系一样。他称自己3年前就预见到今天晶硅的寒冬——"晶硅门槛低,在欧美根本没人做。"

最终,李河君凭借在2009年年初公司年会上一个题为"我有一个判断"的讲话,以"我仿佛已经看到晶硅一片死尸"的结论,使得汉能公司的高管们妥协了。为什么李河君这么坚决地选择发展薄膜而反对发展晶硅呢?这是因为李河君在商机的选择上一直坚信一个原则,那就是"酒吧博弈"理论。

酒吧博弈理论是美国经济学家阿瑟于1994年提出的,其理论模型是这样的:

假设一个小镇上总共有100人喜欢泡酒吧,每个周末都要去

酒吧活动或是待在家里。这个小镇上只有一间酒吧，能容纳60人。并不是说超过60人就禁止入内，而是因为设计接待人数为60人，只有60人时酒吧的服务最好，气氛最融洽，让人感到最为舒适。第一次，100人中的大多数去了这间酒吧，导致酒吧爆满，他们没有享受到应有的乐趣。多数人抱怨还不如不去。于是第二次，人们根据上一次的经验认为，人多得受不了，决定不去了。结果呢？因为多数人决定不去，所以这次去的人很少，他们享受了一次高质量的服务。没去的人知道后又后悔了：这次应该去呀。

问题是，小镇上的人应该如何做出去还是不去的选择呢？

小镇上的人的选择有如下前提条件的限制：每一个参与者所知的信息只是以前去酒吧的人数。因此他们只能根据以前的历史数据归纳出此次行动的策略，没有其他的信息可以参考，彼此之间也没有信息交流。

在这个博弈过程中，每个参与者都面临着一个同样的困惑，即如果多数人预测去酒吧的人数超过60，而决定不去，那么酒吧的人数反而会很少，这时候做出的预测就错了。反过来，如果多数人预测去的人数少于60，因而去了酒吧，那么去的人会很多，超过60，此时他们的预测也错了。也就是说，一个人要做出正确的预测，必须知道其他人如何做出预测。但是在这个问题中每个人的预测所根据的信息来源是一样的，即过去的历史，而并不知道别人当下如何做出预测。

酒吧博弈的核心思想在于，如果我们在博弈中能够知晓他人的选择，然后做出与大多数人相反的选择，就能在博弈中取胜。

很显然，李河君是一个深谙酒吧博弈理论精髓的高手。在中国晶硅发展热火朝天，而光伏薄膜企业一直处于"温吞水"的发展状态，可以数得出的产能只是正泰集团南存辉和新奥集团王玉锁各自投资的25MW薄膜产线的时候，李河君大胆使用"酒吧博弈"，选择发展光伏薄膜，而且他投入太阳能薄膜的"宏伟计划"可谓是前所未有的浩大：2009年，李河君宣称要用3年时间上马2GW薄膜产能，做到全球第一。要知道，当时全球唯一在光伏薄膜领域有所斩获的是美国第一太阳能公司，其产能刚刚达到1GW，这可是该公司发展了10年才达到的成果。

许多人劝李河君从小规模开始慢慢扩张，但李河君认为："必须一下子做上规模，否则没有成功的希望。"太阳能是以科技为导向的行业，"光做中游是不行的，战略风险非常大，所以汉能选择做全产业链，自主研发核心技术。只有上游掌握高端设备制造、中游生产太阳能电池板、下游发电，才能整合产业链"。在他看来，不管是正泰还是新奥，他们失败的关键原因就是没有"全力以赴"去做光伏，这些投资者只是拿钱从国外买了一条可能随时被淘汰的生产线回来生产。只有打通全产业链，才能不重蹈让许多民营富豪陷入麻烦的光伏泥沼。

对于李河君的这个"宏伟计划"，业内人士的一致评价是："他不是疯子，就是骗子。"

然而，最终的成果可谓扇了当初嘲讽李河君的那些业内人士一个耳光：2012年，在不到3年的时间里，李河君成功布局了9座光伏制造基地，每座基地的起始设计产能都在250MW以上，投产的8座光伏基地总产能已经达到3GW，超越美国第一太阳能公司，成为全球最大的薄膜太阳能企业以及太阳能发电系统集成商。

李河君与汉能在光伏产业的异军突起让我们看到了酒吧博弈的价值：当大家都疯狂地涌向热门行业时，我们不妨做个冷静的旁观者，悄悄向冷门处进军，往往会有意想不到的收获。和李河君这样实力雄厚的大企业家不同，我们普通人因为资源有限，如果再不善加利用酒吧博弈策略，所有人都把争夺的焦点放在有限的几种事物上，那么每个人面临的处境都是十分艰难的。唯有独辟蹊径，找到多数人没有注意到的那个"冷门"，才有可能绝处逢生，甚至获取比挤上独木桥所得的更高的收益。所以说，冷门其实一点都不冷。

《围炉夜话》中指出："为人循矩度，而不是精神，则登场之傀儡也；做事守章程，而不知权变，则依样之葫芦也。"这段话的意思是说，不要人云亦云、亦步亦趋地追随别人的脚步，而应该有自己的主见。在激烈的市场竞争中，企业的经营管理者不能盲从他人、盲从市场，否则，企业就会失去生存和发展的机会。

规划上的"蜈蚣博弈"：从终点开始思考问题

观察汉能公司的发展历程，我们不难发现：在汉能20多年的发展中，汉能人只做一件事，那就是"用清洁能源改变世界"。李河君自己也承认这点："汉能是做清洁能源的，从一开始干水电站到现在发展薄膜光伏，20多年来一直都在做清洁能源。我觉得这就是汉能也是我个人的使命：用清洁能源改变世界。"

20世纪90年代中期，在人们普遍不看好电力行业，国家也暂缓对电力的大规模投入的时候，李河君却坚信市场对电力的需求一定会出现持续快速增长，并果断处理掉其他业务，把全部的人力、物力、财力都投进电力行业，并大获成功，为汉能在清洁能源行业的持续发展打下了坚实的基础。

风电是李河君选择发展的第二个清洁能源行业，但他发现风场的利润薄，不仅需要争夺风力资源良好的基地，还随时面临弃风限电的挑战，稍不留心就会亏损。更为重要的是，在风能领域，李河君看不到可以让自己急速发展的"空白点"。

2006年，李河君被推选为全国工商联新能源商会会长后，更是开始全面研究新能源。他尝试了燃料电池、氢能、潮汐能、地热能，还有秸秆发电……所有新能源都尝试了，中间摸索了3年多的时间，在交了不少学费后，终于找到了可以让他极速发展的"空白点"——太阳能。在李河君看来，太阳能的好处真是数不胜数：

"以太阳能为代表的新能源是一场革命，它将比10年前的信息产业革命更重大、更深远，应该是世界农业文明以来最伟大的革命之一。如果说蒸汽机是第一次工业革命，电气化是第二次工业革命，信息产业是第三次工业革命，新能源则可定义为第四次工业革命。由此可见，若我国以新能源，尤其是以太阳能为突破口，打造大体量的清洁能源产业集群，将是调整我国产业结构最好的选择之一。"

"太阳能是最具发展前景的清洁能源产业。在人类可利用的资源中，太阳能取之不尽，是最低耗能、最高利用率的资源。较传统能源项目，其建设周期短，能更好地实现能源的可持续发展。"

第六章
逻辑就是利益：理科生的终极游戏——博弈智慧

在李河君看来，第一次工业革命由英国领衔，第二次由美国领衔，第三次由微软领衔，第四次工业革命则以新能源为主，"汉能有一个愿景，就是让咱们中国人也来领衔一把。"

选定目标后，李河君就开始快速布局。2009年以来，借着新能源政策的东风，搭上"4万亿元"经济刺激的顺风车，李河君开始构建一个总投资额近2000亿元的庞大太阳能帝国。2011年6月15日，汉能硅基薄膜太阳能电池项目在成都双流西航港经济开发区建成投产，一期年产能可达30万千瓦、电池光电转换率可达到10%。这标志着中国有自主知识产权的薄膜太阳能电池量产取得重大突破，也标志着中国最大的民营清洁能源企业——汉能控股集团进军新能源行业迈出坚实的一步。

由此可见，从一开始的水电到风电的尝试，再到太阳能薄膜发电，身为汉能带头人的李河君始终坚信清洁能源是汉能的根本道路，更是汉能人着眼于人类永续发展、和平共生的抉择。李河君这种从终点开始思考问题的规划模式，就是罗森塞尔（Rosenthal）提出的"蜈蚣博弈"的思维模式。

博弈论的模型大多以博弈参与者的名字命名，比如以聪明猪为主角的博弈模型被命名为"智猪博弈"，以勇武好斗的公鸡为主角的博弈模型被命名为"斗鸡博弈"。但是有一种模型除外，它就是蜈蚣博弈，这一模型的命名方式比较特别，充分显示出经济学家的形象思维和浪漫风格，其具体方法如下：

蜈蚣博弈的原型为：A、B两个人，可以采取"合作"或者"背叛"两种策略，选择"背叛"就不能继续博弈了，假如要博弈100场的话，A、B两人的收益情况如下图所示：

―代表合作　　　　　｜代表背叛

A―B―A―B―A――……B―A―B―A―B―（100, 100）

｜　｜　｜　｜　　　　｜　｜　｜　｜

（1,1）（0,3）（2,2）（1,4）（3,3）　（96,99）（98,98）

（97,100）（99,99）（98,101）

由于这一图形看起来就像一条蜈蚣，所以此博弈模型被称为"蜈蚣博弈"。在上述蜈蚣博弈中，如果A、B两人一直采用合作的策略，那么结果两个人的收益都是100，这无疑是一个让人满意的结果。但问题是，对于B来讲，还存在着比"一直合作"更优的策略，那就是在最后一步选择背叛，这样他就可以得到101的收益。而对这一点，A、B两人心里都很清楚，A因为知道B会在最后一步背叛，所以在倒数第二步就选择了背叛；B知道A会在倒数第二步背叛，于是在倒数第三步背叛……这样倒推下去，结果必定是A在第一步就选择背叛，A、B两人的收益分别为1。

本来两人都有希望得到100，可最终的结果却是1，这个结果违反了人的直觉，与原本的期望值相差甚远。所以，此博弈也被称为"蜈蚣博弈悖论"。

但是在现实中，情况没有这么糟糕，因为现实中的人们可以事先达成一致意见，然后再进行决策。这其实就是人们常说的目标导向式思维。目标导向式思维不问自己现在有什么，只问自己要实现什么目标，想做什么。做任何事情，都从目标出发，根据目标的要求，规划实现目标的路径，明了实现目标的条件，并在实际工作中努力去发现、借助和创造实现目标的条件，按照路径一步步推进，最终实现目标。这是一种反向思维方式，是一种倒推法：倒推资源配置，倒推时间分配，链接战略战术，链接方法手段。

为什么采取目标倒推法的人更容易成功？首先，目标是标杆，给了追求的人一个方向；其次，目标也是一种压力，在追求的人身上会转化为动力，促使他不断地努力；再次，也是最重要的，那种采取目标倒推法的人，将所有的资源都视为自己可以利用的资源，他的能力、资源比采用资源导向式思维方式的人要大千百万倍不止，自然更容易实现目标。很显然，李河君正是因为深谙这一点，才能在"用清洁能源改变世界"的目标的指引下一步步走向成功。

竞争上的"智猪博弈"：创造为主，跟随为辅

2014年8月，太阳能产业研究机构太阳能之声（Solarbuzz）发布报告称，太阳能光伏产业预计将在未来5年快速发展，2018年全球太阳能年度装机可能高达100GW。

纵观整个光伏产业的发展史，我们发现：自1883年，美国发明家查尔斯·弗里茨首次制造成功光伏电池，在短短几十年时间里，太阳能电池技术已历经3代。第一代为多晶硅、单晶硅太阳能电池，第二代为非晶硅低成本薄膜电池和高效、低成本、高转化率、可大规模工业化的CIGS薄膜电池，第三代主要是指有机薄膜和染料敏化电池及其他新兴电池技术。

而根据资讯传媒光电新闻网（OFweek）行业研究中心出版的《2013—2015年全球与中国薄膜电池行业市场研究及预测分析报告》显示，全球薄膜电池行业兴起于2005年，在短短5年内，薄膜电池产量就从100MW增长到2009年的1981MW。预测2014到2016年全球薄膜电池产量的年均增长率将维持在25%左右。预计到2016年，全球薄膜电池产量将达到12.5GW，行业产值将达到70亿美元。凭借着薄膜电池的独特优势，一些有实力的企业拥有的薄膜电池的核心技术和研发能力，在光伏市场中将占据越来越重要的地位。

很显然，汉能就是一个真正开始掌握真正掌握薄膜电池的核心技术和研发能力、在光伏市场中将占据越来越重要的地位的有实力的公司。

在李河君看来，核心技术是汉能的根本，汉能生存的奥秘在于技术永远领先，创新是企业长青的动力。因此，汉能高度重视研发与投入，在中国的北京和四川、美国硅谷、德国、瑞典等地设有7个研发基地，在纳米硅电池、铜铟镓硒电池、高效电池、高端装备、储能技术、薄膜发电应用等薄膜发电领域已申请专利逾1000项，其中发明专利占总数的60%（含海外公司并购的核心专利），主编或参与了十余项薄膜发电国家标准和行业标准的起草和编制，并拥有国家级"高新技术企业"称号和"博士后科研工作站"。

同时，汉能还有一个全球技术整合战略。汉能有一个专门的技术团队，这个团队的职能就是在全球范围内寻找先进技术，只要是汉能需要的技术，汉能就会买下来，即使技术一时不成熟，汉能也会继续做针对性研发。

近几年，汉能在全球筛选了700家公司，最终选择其中5家进行并购，其中4家已经完成并购：

2012年9月25日，汉能收购德国光伏企业Q电池（Q-Cells）旗下子公司、CIGS薄膜电池制造商索利博尔。索利博尔最大的卖点是其CIGS薄膜太阳能技术转化率可达17.4%，通过此次收购，汉能将掌握全球领先的CIGS共蒸镀技术（co-evaporation）。

2013年1月9日，汉能宣布完成对美国米尔索勒公司的收购，米尔索勒公司是全球领先的CIGS薄膜太阳能组件制造商，当年米尔索勒的薄膜光伏组件量产转化率已达15.5%，预计之后其转化率将提高至17%以上，并在两年内将生产成本降低到每瓦0.5美元。通过这次并购，汉能获得了先进的CIGS技术，成为规模、技术上皆领先全球的薄膜太阳能企业。

2013年7月25日，汉能宣布成功并购美国全球太阳能公司。全球太阳能公司是一家全球领先的薄膜太阳能生产商，它所生产的柔性太阳能电池组件可广泛应用于光伏建筑一体化、太阳能屋顶系统、电动汽车和移动太阳能应用产品等领域。此次并购，使汉能成为全球首家实现柔性薄膜太阳能组件大规模量产的公司，同时也标志着汉能通过全球技术整合，占据了薄膜光伏技术的最前沿。

2014年8月13日，汉能宣布完成并购美国阿尔塔设备公司。阿尔塔是美国硅谷的薄膜太阳能电池技术生产商，拥有世界上转换效率最高的柔性砷化镓（GaAs）太阳能电池片，产生的效能比全球量产的单晶硅技术提高8%，比多晶硅高出10%。相同面积下，其产生的效能可达普通柔性太阳能电池的2~3倍，可以为广泛的移动电源应用提供支持。通过本次并购，汉能拥有了转化率达到30.8%的薄膜太阳能技术砷化镓（GaAs）高效柔性薄膜技术。

汉能之所以选中这5家企业来并购，是因为李河君觉得"如果把5家公司都并购了，全球的薄膜行业会在5到10年之内无战事，中国人就可以领先5到10年"。

在李河君看来，这种全球技术整合有很大的好处："比如我们买了美国和德国的技术可能会发现，美国技术存在的某些问题德国解决了，德国技术存在的某些问题美国解决了。这样，汉能在技术上的问题就更少。"

李河君在汉能实施的这种以自主研发技术为主、全球技术整合为辅的战略方针，其实就是"智猪博弈"。

智猪博弈这个模型来自一个故事：笼子里面有大、小两只猪，笼子很长，在笼子的一边有一个按钮，另一边是饲料的出口和食槽。按下按钮之后就会有10份猪食进入食槽，若大猪先到槽边，大、小猪吃到食物的比例是9∶1；同时到槽边，比例是7∶3；小猪先到槽边，比例是6∶4。还有，按下按钮之后跑到食槽边上消耗的体力则需要吃两份猪食才能补充回来。

可以看出，谁去按下出饲料的按钮，谁就会为其他人造福，自己却没有很大的收益。这样久而久之，谁来充当那只费力不讨好的猪就变成一场需要认真对待的博弈，而坐享其成的那只"智猪"要如何才能做成，也是一门学问。

在这场博弈中，我们要按照"重复剔除严格劣策略"的逻辑思路进行分析：首先找出某参与人的严格劣策略，将它剔除，重新构造一个不包括已剔除策略的新博弈；然后，继续剔除这个新的博弈中某一参与人的严格劣策略；重复进行这一过程，直到剩

第六章 逻辑就是利益：理科生的终极游戏——博弈智慧

下唯一的策略组合为止。剩下这个唯一的策略组合，就是这个博弈的均衡解，称为"重复剔除的占有策略均衡"。

小猪的最佳策略是等待，让大猪去按控制按钮，原因很简单：在大猪选择行动的前提下，小猪也行动的话，小猪可得到1个单位的纯收益（吃到3个单位食品的同时也耗费2个单位的成本，以下纯收益计算相同）；而小猪等待的话，则可以获得4个单位的纯收益，等待优于行动。在大猪选择等待的前提下，小猪如果行动的话，小猪的收入将不抵成本，纯收益为–1单位；如果小猪也选择等待的话，那么小猪的收益为零，成本也为零。总之，等待还是要优于行动。

由于小猪有"等待"这个优势策略，大猪只剩下两个选择：等待就吃不到；踩踏板得到4份。所以，"等待"就变成了大猪的劣势策略，大猪知道小猪是不会去踩动踏板的，自己亲自去踩踏板总比不踩强，只好为自己的4份饲料不知疲倦地奔忙于踏板和食槽之间。

由于无论大猪选择什么策略，选择踩踏板对小猪都是一个严格劣策略，首先要加以剔除。在剔除小猪踩踏板这一选择后的新博弈中，小猪只有"等待"一个策略，而大猪则有两个可供选择的策略。而接下来大猪选择"等待"是一个严格劣策略，我们再剔除。剩下的新博弈中只有小猪等待、大猪踩踏板这一个可供选择的策略，这就是达到重复剔除的优势策略均衡。

在一场博弈中，如果每个参与人都有严格优势策略，那么严格优势策略均衡是合乎逻辑的。但是在绝大多数博弈中，只存在重复剔除的优势策略均衡。汉能并购CIGS薄膜电池制造商索利博尔、CIGS薄膜太阳能组件制造商米尔索勒、全球领先的薄膜太阳能生产商全球太阳能、薄膜太阳能电池技术生产商阿尔塔设备公司,就属于重复剔除的优势策略均衡。可见,智猪博弈的分析思路在现代管理中大有用武之地,值得管理者学习。

攻守上的"斗鸡博弈":狭路相逢,有进有退

在汉能的发展史上,李河君数次面临进退两难的窘境:筹建金沙江的数座百万级水电站时,发改委不给批。面对国家部门的强硬,是放弃还是坚持?在建设金安桥水电站的过程中,资金链数次断裂,银行贷款停止、汉能高管出走,面对庞大的资金缺口,是放弃还是坚持?在进军光伏领域时,同行嘲笑,公众质疑,面对巨大的舆论压力,是放弃还是坚持?

每当李河君面临这种关于进退的选择时,他都会想起这样一个故事:美国内战时,一次战斗进行得异常激烈,但时间不长就结束了,米克端着步枪搜索着残余的敌人。他刚转过一块大岩石,迎面撞上了一个也端着步枪的人。两个人同时将枪口对准了对方的胸膛。要想都保全性命,必须有一方投降。

双方对峙着。米克大脑中一片空白,他征战沙场多年,从来没遇到过这种情况。但此时只有一个信念支撑着他:"必须有一方投降,但投降的绝不是我!"双方僵持了很长时间,米克眼睁睁看着那个人的精神垮掉,扔掉步枪,扑通一声跪了下去,对米克连喊"我投降"。米克努力控制着自己,没有晕厥过去。当他押着敌人见到自己人时,再也坚持不住了,一屁股跌坐在地上。

第六章 逻辑就是利益：理科生的终极游戏——博弈智慧

李河君常用米克的那句话鼓励自己："必须有一方投降，但投降的绝不是我！""狭路相逢勇者胜"，生死关头的竞争，就是两个人的意志较量，坚持下去才有生的希望。

其实，李河君的境遇、米克的故事都涉及一个著名的"斗鸡博弈"：两人狭路相逢，每人有两种行动选择，一是退下来，二是进攻。如果自己退下来，而对方没有退下来，对方获得胜利；如果自己退下来，对方也退下来，双方则打个平手；如果自己没退下来，而对方退下来，则自己胜利，对方失败；如果两人都前进，则两败俱伤。两败俱伤肯定是双方都不愿意见到的结果，双方都希望能在自己损失最少的情况下得到最多。究竟是退还是进，就看你对现实博弈情境的拿捏。

设想一个更具体的场景：假如债权人小王与债务人小陈双方实力相当，债权债务关系明确，小陈欠小王100元。小王和小陈各有两种战略：妥协或强硬。每一方选择自己最优战略时都假定对方战略给定：若小王妥协，则小陈强硬是最优战略；若小陈妥协，小王强硬则将获得最大收益。他们究竟该如何选择呢？如一方强硬一方妥协，则强硬方收益为100元，而妥协方收益为0。如双方强硬，若发生暴力冲突，小王不但收不回债务还会受伤，医疗费用损失100元，则小王的收益为-200元，也就是不仅100元债收不回，反而倒贴100元。小陈则是为了100元使自己遭受身体上的损害。于是，双方似乎陷入某种"囚徒困境"中，进退维谷。

斗鸡博弈中两只斗鸡都有两个选择：进或退。哪一方前进，不是由两只斗鸡的主观愿望决定的，而是由双方的实力预测决定的。然而，对双方实力的预测需要经过反复的试探，甚至是激烈的争斗后才能确定。以这种形式运用斗鸡定律,要比直接选用严格优势策略的形式更常见。这也许是因为人有复杂的思维、更多的欲望所致。

现实中,哪一只斗鸡前进,哪一只斗鸡后退,要进行实力的比较,谁稍微强大,谁就有可能得到更多的前进机会。但实力并不总像会计账面一样清晰,这就使得很多博弈者可以采用"伪装"的方式使自己获得更有利的位置。通常来说,如果一个博弈者在他的对手看来是"不合理的""控制不住自己的""疯狂的""玩命的",或者说是"视死如归的""大无畏的",那么在斗鸡博弈中他就处在有利的地位。譬如两个争强好胜的人,为了制伏对方,各驾驶一辆车,开足马力向对方撞去。此时,"高明"的博弈者可能醉醺醺地爬进汽车,把二锅头酒瓶扔出窗外,让对手看清楚他醉成什么样子了;戴着黑墨镜,让对手明白他什么也看不清;汽车一开到高速,他就拆下方向盘,把它扔出窗外。如果对手看到,他就赢了。

从这点来说,李河君就是个"伪装"的高手,他将发改委告上法庭的举措,是不是很像那个醉醺醺地爬进汽车的人呢?在此之前,哪家企业敢把国级政府部门告上法庭?当对手以为你是一个"疯子"时,不知不觉中就会后退几步。而这几步,正是斗鸡博弈中制胜的关键。

当然,这种"伪装"或说"疯狂",并不是没有限制的,而是有一定的尺度。一旦超过这个尺度,只要有一只"斗鸡"接受不了,那么斗鸡博弈中的严格优势策略就不复存在了。从这点来说,"狭路相逢勇者胜"并不是一个无往不胜的策略。李河君也深知,在类似的博弈困境中,并不是一味强硬就能获得最大收

第六章 逻辑就是利益：理科生的终极游戏——博弈智慧

获。在和发改委博弈的过程中，他虽强硬到将其告上法庭，但最终也妥协到只拿下合同上6座水电站中的一座，这就是进退之间的分寸感。若是他一味以合同为王牌，坚持要求6座水电站的开发权，那结果只会是彻底激怒发改委，让自己陷入更加被动的境地，他和汉能也不会有今天的成绩。

所以，回到前面小王和小陈的债务纠纷，最佳的策略是协商金额：例如小王减免小陈债务10元，这样自己能够收回90元，小陈也捡了10元的便宜，皆大欢喜。

当然，现实并不是如此简单的100元债务关系。很多时候，我们面临巨大的利益得失，因此都希望自己的利益最大化，别说10%，就是5%的损失，自己都不愿承担。但就像前面的撞车案例一样，不管你把自己伪装得多像不要命的醉鬼，万一对手没看到你的表演呢？抑或对手也是这样一个醉鬼？撞车的结局是谁也不愿看到的，所以在最后关头转弯，是双方的最优策略。可问题是，这个最后关头很难把握，在飞驰的车上，生死存亡就在一念之间，也许这一秒钟你还在指望对方妥协，下一秒钟你们就同归于尽了。所以，把"最后关头"当作保险措施并不是一个明智的选择。

我们不妨学习李河君，采用这种"有进有退"的斗鸡博弈，以勇于前进为主要策略，以留人余地为辅助策略，让勇敢和疯狂为自己带来价值，让宽容和理性为自己确保安全。这才是最智慧的选择。

发展上的"正和博弈":互助合作,走向共赢

恒大地产集团董事局主席曾经说过:"强强联手就是无敌的。"对于这句话,李河君十分认同,这从汉能发展史上为数众多的合作战略就能看出来。

2012年6月13日,汉能与宜家建立战略合作,在宜家所有中国门店安装太阳能薄膜发电电池板,并为其供应商提供同样的太阳能屋顶改造服务。汉能承诺在3年内完成宜家项目所需太阳能电池板的制作和安装。

2012年6月30日,汉能与意大利阿泽罗公司(AzzeroCO$_2$)和艾兰特公司(Exalto)合作开发建设的意大利拉奎拉薄膜发电电站正式并网发电。

2013年7月3日,汉能与宜家家居共同举行"汉能—宜家太阳能屋顶电站并网发电启动仪式"。截至当日,汉能已经为5家宜家商场完成屋顶太阳能薄膜光伏电池板的安装。

2013年9月14日,汉能与四川省成都市双流县人民政府签署600MW铜铟镓硒(CIGS)项目(二期项目)战略投资合作协议。双流二期项目将采用汉能收购的CIGS技术。

2013年10月28日,汉能全球光伏应用集团大中华区域公司与珠海经济特区电力开发集团有限公司(简称珠海电力)在广东汉能签署光伏电站开发战略合作协议,在未来3年内共同开发运营

分布式光伏电站项目，建设规模达200MW。这是汉能与珠海电力项目合作的重大里程碑。

2014年5月19日，汉能太阳能集团全资子公司汉能全球光伏应用集团亚太有限公司与日本最大综合商社之一双日株式会社全资子公司双日机械株式会社在汉能控股集团总部签署了战略框架合作意向书，在日本及世界范围内太阳能薄膜发电应用领域建立长期战略合作伙伴关系。

2014年6月15日，国际汽联世界耐力锦标赛——勒芒24小时耐力赛赛事期间，汉能与阿斯顿·马丁赛车签署了合作伙伴协议，成为阿斯顿·马丁赛车"独家太阳能技术合作伙伴"，提升赛车性能。

2014年8月13日，汉能正式成为国家体育场（鸟巢）战略合作伙伴、清洁能源技术唯一合作伙伴。在5年合作期内，汉能将利用其掌握的先进的清洁能源技术不断提升国家体育场的环保节能水平。

…………

"强强联手"实际上就是资源整合的过程。整合资源是优势互补、能力互助的过程，其关键就是找到自己的优势，看清自己还有哪些地方是需要改进的，从而与对方开启合作之路。当社会竞争越来越激烈时，合作也会越来越频繁，能够从自己的缺陷入手，投对方所好，有效地整合双方的优势资源，必能创造巨大的经济效益。

据统计，诺贝尔获奖者中，因协作获奖的占2/3以上。在诺贝尔奖设立的前25年，合作奖占41%，而现在则跃居80%。今天，个人英雄主义高唱凯歌的时代已经一去不复返，靠个人的力量已经无法赢得市场的决胜权,只有通过借助他人的力量才能提升竞争力。

即便是"苹果教父"乔布斯,在重回苹果之后都没想过仅靠自己的力量拯救苹果,而是首先打电话给死对头微软求助,因为他明白,不合作,只能等死。

自然界中,在野火烧起时,为了逃生,众多蚂蚁会迅速聚拢,抱成一团,然后像滚雪球一样飞速滚动,逃离火海。那噼里啪啦的烧焦声,是最外层的蚂蚁用自己的躯体开拓求生之路时的呐喊。

大雁南飞时成群结队地以"人"或"一"字形飞行,而且领头的大雁累了会不断地更换。因为为首的雁在前头开路,能帮助其左右的雁群造成局部的真空。科学家曾在风洞实验中发现,成群的雁以"人"或"一"字形飞行时,能比一只雁单独飞行多飞12%的距离。

人类亦如此,面对困难,面对灾难,唯有团结合作,众志成城,才能冲出一条活路。只有懂得合作,才能"飞"得更高、更快、更远。

因此,我们每个人都应该具有共赢思维,善于借助他人的力量,在成就他人的同时也成就自己。

第七章

像经营公司一样
经营自己
——魅力智慧

领导型人格：给别人一个追随你的理由

一家企业的领导人是否值得员工信赖和追随，至少由两方面因素决定。

就主观而言，取决于领导者是否愿意更大范围地影响他人，是否希望更多的人追随自己行动。反映在行为上，即是否热情地推销自己的主张，极力说服他人；作为内驱力，是建立在自信心基础上的对领导责任、权力和成就的追求，并且主动提高领导水平和领导艺术，提高组织效率，达到更高的领导效果，从而获得更广泛的领导力。

从客观上来说，值得信赖的领导必须明确领导的责任并且恪守自己的核心价值，会为了赢得员工的信赖而努力奋斗。值得信赖的领导往往是最正直、最讲信誉的人，致力于打造一个经久不衰的公司。他们将自己视为公司财产的管家，而不会被权力欲怂恿得自我膨胀。

从这两方面来看，李河君对汉能的高效领导并非毫无缘由。从主观来说，李河君是一个对理想、对"不世之功"有殷切期望的人，他渴望更多人的追随，也渴望追随自己的人能够了解自己的清洁能源梦。他不厌其烦地在种种场合强调汉能不是一家以赚钱为目的的企业，而旨在"用清洁能源改变世界"。他甚至将这句话写进"汉能司训十八条"。从客观来说，李河君十分重视人才,设立了一整套有效激励人才的机制,甚至对主动离开汉能的员工也始终敞开怀抱。李河君回忆说:"汉能曾经有位员工,来集团工作两三年以后就要离开。这个人非常有才,当时大家都挽留他,但他还是坚持要离开。半年之后,他又突然要求回来,当时公司许多人认为再接纳他是不妥当的,但是我认为,是人才就应该给机会,因此还是让他回到了公司。"

正是因为李河君自己充满激情,又对员工充分重视,所以他赢得了汉能员工的忠心。正如领导力专家哈罗德·孔茨所说:"领导是一种影响力,或叫作对人们施加影响的艺术过程,从而使人们心甘情愿地为实现群体或组织的目标而努力。""真正的领导者是能够影响别人,使别人追随自己的人物。他能使别人参加进来,跟他一起干。他鼓舞周围的人协助他朝着他的理想、目标和成就迈进,他给了他们成功的力量。"按照哈罗德·孔茨的标准,李河君无疑拥有优秀的"领导者人格"。

人格或个性,按美国著名人格心理学家奥尔波特的界定,是指"决定人的独特行为和思想的个人内部的身心系统的动力组织"。也就是说,人格是一个人与其他人区别开来的精神素质或独特的心理特征,它由动机、需要、信仰、价值观和能力、气质、性格等要素构成。其中行动力和坚韧性是直接影响人的活动效率,使活动顺利完成的个性心理特征,它是人格的重要构成要素,可以彰显独特的个性魅力。领导者如果没有超越一般人的能力和坚韧,是不可能具备让人敬佩的人格的。

西门子美国公司的负责人克劳斯·克莱因菲尔德,管理着全美70000名雇员,这一人数在欧美企业中算得上是众多了,比英特尔和微软两家公司加起来还要多。和宗庆后一样,克莱因菲尔德在成为CEO之前担任过很多其他职务，所以他关于领导能力的观点更加实际。他认为，领导方式存在细微的差别，但是高效领导的关键因素都差不多。他经过对自己经验的分析提出，所谓成功领导，最重要的精神品质就是：保持威信力和行动力，并不断自我激励。

大家不妨回忆一下自己认识的人当中有多少人是真正优秀的领导者？他们有影响力，办事能力出色，能够发现、把握机遇；他们能够吸引、招揽人才，并使这些人才有出色的表现。这并不是许多人能够持之以恒做到的。实际上，多数人都是追随者，只有很少一部分是领导者。领导者就像雄鹰，从不成群行动。这就是他们如此难觅的原因。你是否也愿意做这样一只展翅的雄鹰呢？先从修炼自己的领导型人格做起吧！

一个拥有超凡魅力的领导者应该是什么样

李河君很清楚：领导者的影响力对于企业目标的实现是非常重要的。而具体来说，领导者的影响力来源于很多方面，如品格、能力、学识、资历、谈吐、情感、职位等。那么，我们该从哪里下手呢？其实，这些因素又可以归纳为一个人的个人魅力指数。从这个意义上讲，拥有超凡魅力的领导者才能获得最大的影响力。

个人魅力是指由一个人的信仰、气质、性情等诸多因素综合体现出来的一种人格凝聚力和感召力。有能力的人，不一定都有人格魅力。缺乏优秀的品格和个性魅力，领导者的能力即便再出色，人们对他的印象也会大打折扣，他的威信和影响力也会受到负面影响。领导者的人格魅力影响着其执政的能力，其影响主要通过领导者运用权力时产生的亲和力、凝聚力、感召力，使被领导者心甘情愿地为实现既定目标努力奋斗而产生的成效体现出来。

个人魅力和领袖气质最大的优点是它们能提高影响别人的能力。当人们认为你这个人很有魅力时，更有可能采取你所建议的行动步骤。美国著名成功心理学大师拿破仑·希尔博士有句名言："真正的领导能力来自让人钦佩的人格。"因此，为了成为一名有影响力的领导者，李河君建议大家通过以下几种方式提升个人魅力。

1. 充满激情

汉能员工张凡认为李河君是一个"充满浪漫主义激情"的人，在与别人谈话时"不仅燃烧自己，也能燃烧别人"。的确，领导者喜爱自己所做的工作，具备积极进取的意识，表现出昂扬向上的精神状态十分重要。因为，只有当领导者把爱和进取精神融入他所从事的工作中，他的潜能才能得到充分的释放，并由此带来工作质量的改善和工作绩效的成倍增长；也只有当领导者将自己的激情融入他所从事的工作中，他的言行才具有号召力，从而吸引下属自愿自动地追随，促进工作任务的顺利完成。汉能员工都能听出李河君在反复强调"汉能梦"时内心澎湃的憧憬，所以他们也会对这个美好未来充满期待，这是对一个满怀事业热情的领导者的奖赏。

2. 提高情商

1995年，哈佛大学心理教授丹尼尔·戈尔曼出版了《情商》

一书，顿时引起全球轰动，情商既是对优秀管理者的基本要求，也是优秀管理者的基本素质之一。在社会生活中，人的行为在很大程度上受情绪和感情的支配，什么样的情绪和感情使人产生什么样的行为。管理活动既然是一种系统的行为，那么它一定受情绪和感情的影响。而一名优秀的管理者、领导者，自然应具备相当程度的情商。李河君允许一个汉能员工"五进五出"，与其说体现了他的胸怀，不如说展现了他高超的管理情商。

3. 用理性来说服

通过理性的说服影响别人的传统方法仍不失为一种重要的策略。理性的说服是指使用符合逻辑的观点和事实证据来使另一个人相信一条建议或者要求是可行的。李河君的每次决定都是充分调研的结果，所以和董事会产生争执时，他总是有理有据，让人难以辩驳。这种用事实说话、用理性分析的态度得到了汉能董事及员工的尊重。总的来说，要使理性的说服变成一种有效的策略，除了需要对自己的思辨能力有充分自信外，还需要深入而持久的付出：调研、分析、总结……这不仅是个人魅力，更是个人能力的体现。

4. 尊重他人

独裁者和其他专制领导人依靠暴力和恫吓胁迫人们去做自己想让他们做的事情。这不是真正的领导力。相反，优秀的领导者依靠的是尊敬。他们明白，领导力讲究自动自发。当领导者表示出对别人的尊重——尤其是对那些权力比他们小或者地位比他们低的人——他们就能赢得别人的尊敬，而人们会追随值得自己尊敬的人。

5. 合作与联盟

假如另一个人将帮助你完成一项工作，那么主动提出帮助是另一种常见的施加影响的策略。通过交换，你与对方达成协议。这种交换常常被视为愿意在日后进行回报，如分享利益等。有时候通过单独行动来影响某个个人或团体是有难度的，所以你有必要与别人组成联盟以产生力量。作为一种施加影响的策略，联盟的形成是行之有效的，就如一句老话所说：人多力量大。假如你以个人魅力和领袖气质影响他人，他们更有可能加入你的联盟。

6. 坚持勇气

美国前国务卿亨利·基辛格曾经说过："作为领导者，除非他愿意偶尔孤军奋战，否则就是名不副实的。"优秀领导者坚持做正确的事，即使是冒着失败的风险，面对巨大的危险，或者面临无情批评的巨大压力。我们想不出历史上有哪一位伟大的领导者没有勇气。领导者的勇气是其个人魅力的基石——因为它能够给追随者带来希望。

李河君提醒我们：领导者的个人魅力固然重要，但它的形成需要一个学习与积累的过程，盲目追求用个人魅力为自己带来影响力，只会造成"东施效颦"的结果——激情不是缺乏人文关怀的亢奋，高情商也不是利用各种手段笼络人心，理性的说服更不是强词夺理的一言堂……只有明白了目标和过程之间的真实距离，用心做梦，用脚圆梦，我们才有机会成为一个真正有魅力的、值得追随的领导者。

真材实料还是画饼高手？相信愿景的魔力！

2014年，习近平主席在APEC会议上首次系统阐述了中国经济的"新常态"。他强调了新常态下中国经济将呈现几个特点，一是增速，从高速增长转为中高速增长；二是经济结构的不断优化升级；三是驱动力，从要素驱动、投资驱动转向创新驱动。对此，李河君在接受新华社采访时表示：以太阳能为代表的新能源产业将迎来重大的发展机遇，特别是太阳能薄膜发电产业将成为新常态背景下的重要"抓手"。他认为："太阳能薄膜发电产业将会形成国民经济的又一个重要支柱产业，对于我国经济稳增长、调结构具有重大战略意义。在国家七大战略新兴产业中，与太阳能薄膜有关的就有五个。"

熟悉李河君的人对他的这种观点早已习以为常，李河君总是不厌其烦地阐述自己的光伏梦，并把它称作"汉能梦"。他解释说："每一次重要的工业革命事实上都是能源革命或者说是新能源取代旧能源，先是煤炭取代了木材，然后是石油取代了煤炭，现在轮到清洁能源取代传统的化石燃料。第三次能源革命并不是资源的竞争，而是核心技术的竞争。我认为中国将会引领世界走向更加光明、更加清洁的未来。"所以，汉能从事的薄膜太阳能事业是具有革命性意义的：未来的汉能用户会将高性能的薄膜太阳能组件集中安装在家里的屋顶上，吸收太阳光并产生电能供生活使用。剩余电能还可以上传至电网中，获得相应的电价收入。

未来这种"自发自用，余电上网"的分布式光伏发电将是人们主要的能源使用形式。

在具体的数字上，李河君也给汉能的未来定下了2020年1万亿元的高指标。李河君甚至对这个数字觉得保守，他说："到2020年，光伏建筑一体化直接市场规模将超过10万亿元，每年可替代30%左右的用电需求，减少二氧化碳排放量约13亿吨。此外，这一技术还可应用于太阳能汽车、地面电站、光伏农业大棚、太阳能充电器等领域，市场前景极为广阔。"所以，早已全面布局的汉能将抢得一块巨大的蛋糕，在10万亿元的市场规模下，汉能挣1万亿元只是"理所应当"。

李河君的这些高调言论，使得很多同行称他为"画饼高手"，他们认为薄膜太阳能的未来并没有这么乐观。但是同行的质疑并没有妨碍汉能在国际上声誉渐隆。与鸟巢、宜家、特斯拉等展开全面合作，还以太阳能充电站赞助各种汽车方程式锦标赛……李河君一步步带领汉能朝自己许诺的美好未来稳步发展。

李河君与汉能未来究竟会功成名就还是悄然沉寂我们不得而知，但是我们看到，很多成功企业家都把不断提出"愿景"当成重要的经营管理战略。愿景是一个比目标更大更好的宏伟蓝图，它可以不断提醒企业的全体员工努力向前，不断促使人们将注意力集中在将来，对人们产生一种切实的激励效果。

愿景的激励作用归根结底源于人们内心渴望归属于某一项重要的任务、事业或使命。明确的企业愿景能够增强企业员工内在的驱动力，让大家能够为一个共同理想而拼搏奉献。如果没有共同愿景，无法想象美国电话电报公司、福特、苹果电脑能取得如今的骄人成绩。这些公司领导者的愿景分别是：裴尔想要完成费时50多年才能达成的全球电话服务网络；亨利·福特想要使一般人，不仅是有钱人，能拥有自己的汽车；乔布斯和他的创业伙伴，则希望电脑能让个人更具力量。

愿景是企业的灵魂，没有愿景，企业就没有未来；没有成功的愿景策略，企业就不会有持久的、旺盛的生命力。当任正非在1994年提出振聋发聩的十年狂想，"10年之后，世界通信行业三分天下，华为将占一分"时，没有人相信有真正实现的那一天。当年华为的产值在100亿元左右，员工约8000人。虽然企业规模已经不小，但距离世界领先企业还很远。

而这一天虽然姗姗来迟，但总算在以任正非为领袖的华为人执着的努力下，成为现实。小小的华为公司竟提出这样狂妄的口号，也许大家会觉得可笑，但正因为有这种目标做导向，华为才有了今天的成就。多年前任正非提出的观点和李河君不谋而合："在这样的时代，一个企业需要有全球性的战略眼光才能发愤图强，一个民族需要汲取全球性的精髓才能繁荣昌盛，一个公司需要建立全球性的商业生态系统才能生生不息，一个员工需要具备四海为家的胸怀和本领，才能收获出类拔萃的职业生涯。"

李河君和任正非深刻地感知到：成功的企业愿景就好比预言，具有唤起员工行动的力量。用愿景来指导工作，是一门深邃的管理艺术，同时也是企业不断发展的一种战略方法。成功的企业愿景必须根植于企业文化当中，成为全体员工发自内心的共同愿望。

气场修习：打造你的专属精神名片

"Veni, Vidi, Vici！"

这是世界上最短也是最有名的报捷信之一——3V文书。公元前47年，罗马的盖乌斯·尤利乌斯·恺撒成功地征服了一座新的城市以后，在报捷信上写下了这一简短有力的语句——"我来，我见，我征服"。

当恺撒第一次踏上小亚细亚的土地时，只有21岁。当时他受命说服卑斯尼亚国王尼科梅德履行承诺，向罗马供应船只。恺撒圆满地完成了这项任务。虽然关于这场会谈的记录已经很难寻找，不过我们依旧可以想象当时的激烈辩论。恺撒的对手也在日后坦言，这位年轻的罗马人有着一种异乎寻常的魅力，让人毫无还手之力，只能乖乖屈服。而这种异乎寻常的魅力其实就是恺撒的气场。

我们从李河君身上也看到了恺撒般的霸气气场——"我来，我见，我征服"是最能体现恺撒强大气场的话语之一，而"用清洁能源改变世界，汉能无所不能"则是李河君的霸气宣言。恺撒四处攻城略地，却用最短的捷报为自己加冕；李河君不动声色地摘下首富桂冠，轻描淡写地说自己并不在意这个头衔。如果说李河君的领袖魅力让人对其俯首称臣，那其中最核心的，就是这种超强的气场了。

气场是由身心灵散发出的能量场，我们每个人都有属于自己的独特气场,气场具有自信力、吸引力、影响力、说服力、感召力、操纵力。在我们与他人接触的过程中,自身气场与他人气场也同时会接触。这种能量之间的接触远比我们想象的更加深入,因为不同能量之间交换的是对方气场展现出来的全部信息。例如,双方觉察出危险时,能量就会彼此敌视,最终产生冲突。当气场中的攻击性达到一定限度时,我们就真的有可能攻击与自己气场冲突的那个人。在这个过程中,能量起到的最主要作用就是探知信息,通过不同手段从对方那里获取对方"可信"或者"不可信"的信息,其中有必要被大脑察觉到的会被我们的视觉等察觉,其他的则直接进入潜意识中。所以,我们很多时候只是说"我觉得",而不会找到气场这一源头。

说得形象些,气场就是我们每个人的"精神名片",我们通过气场认识一个人、喜欢一个人、爱上一个人,或者讨厌一个人、憎恶一个人,抑或对一个人抱无所谓的态度……这些都是气场给我们的信息,以帮助我们更简单地认识他人,察觉隐藏在气场之下的意图和想法。同时,任何人的"精神名片"都不可能也不应该一辈子一成不变。很多时候,我们需要一些变化,需要改变自身气场,让他人更加认可我们的气场,让他人愿意成为我们的朋友。因此,我们要学会掌控自身气场。只有能够掌控自身气场,我们才能发挥气场的全部能量,真正将命运掌握在自己的手中。

要想具备李河君一样的魅力气场,至少要学会以下几种方法:

首先是"一千次微笑训练"。微笑是修炼气场能量的重要方法。每个人都会微笑,但并不是每个人都能随时随地保持微笑。人们无法保持微笑并不仅仅是在面对不幸的事情时,也包括在面对让我们太过幸福的事情时。不幸的事情让我们伤心以至于无法微笑，太过幸福的事情则会让我们开怀大笑，而无法保持微笑。一千次微笑训练的目的就是让我们在任何时候、任何情况下都能保持微笑，因为在微笑的状态下，自身气场才会调整到最好的状态。

李河君虽然气势逼人，却不乏亲和感，与媒体的关系十分融洽。而这，正是他始终保持微笑的成果。微笑会让我们的气场能量保持在合宜的状态：身体不断制造正面能量，这些正面能量从气场内部均匀地向气场外部散发，更易于与他人的气场进行交流。在进入他人气场时，微笑时的自身能量更易散发出善意的气息，有助于与他人进行友好接触。同时，微笑也有利于气场中负面能量的排出。

一千次微笑训练并不是让你每天笑1000次，它主要分为5个步骤：

第一个步骤，微笑练习。对着镜子微笑，用心感受微笑时自己的气场变化，只有那些令自己觉得舒适的微笑才是你需要的微笑。

第二个步骤，微笑保持。读一些故事或者经历一些事情，让自己在各种各样的情况下保持微笑。

第三个步骤，微笑实战。在面对陌生人时保持微笑，让对方感受到你善意的气场，同时让你感受对方的气场变化。

第四个步骤，微笑反馈。在向他人微笑后，了解他人的具体感觉，尤其是对我们的判断。

第五个步骤，微笑思考。在得到对方的反馈后，思考自己的微笑有什么问题，对自身与他人气场有什么影响。思考过后，再重新进行第一个步骤,直到你的微笑能够散发出稳定、和谐、善意的气场能量。

其次是"自我肯定的思维艺术"。很多时候,并不是你在了解你自己的气场,而是你的气场在回应你的感觉。如果你认为自己是一个好人,那么你的气场就会把你塑造成一个好人,然后再让他人或者你自己感觉到你是个好人。

一些人可能会提出异议,比如,自己一直认为自己是一个成功者,那为什么自己现在还很失败呢?这是因为在大多数时间里,你很清楚地意识到自己并不是一个成功者。你的气场接受了你的消极看法,形成失败者的气场,最后回馈给你"自己是失败者"的暗示。这是一个人认为自己是什么,到气场变成了什么,再到感觉气场时加深对自己认识的肯定过程。很多人尽管很想改变,但是长期的自我认同让他们的气场十分稳定,很难改变。

改变自我认同是一个需要坚持的过程,你可以选择一些方法让自己的气场运动起来,以打乱过去的自我认同。比如发现一种新的爱好——打篮球、绘画、读书、听音乐等都可以。如果你选的这些爱好与你对自己的新认识有一定的相关性,那么效果会更好。在进行这些活动的过程中,你的气场能量会被激活,增加一些新的能量以及能量运动。这时,你就可以多给自己一些相应的心理暗示,如自己是一个乐观者,自己是一个更强大的人。

心理学家马尔兹说:"我们的神经系统是很'笨'的,你用肉眼看到一件喜悦的事,它会做出喜悦的反应;看到忧愁的事,它会做出忧愁的反应。"研究发现,积极的自我暗示确实能调动人的巨大潜能,使人变得自信、乐观。当你习惯性地想象快乐的事时,你的神经系统便会习惯性地让你拥有一个快乐的心态。所以，我们要经常对自己进行积极的自我暗示，比如，"我生活的每一方面，都在一天天地变得更美好""我的心情愉快""我一定能实现梦想"等。

最后是"点燃内心的渴望"。这对于我们每个人来说都很重要，渴望越强烈，我们就越容易实现目标；渴望越强烈，我们就越容易鼓足干劲。同样，渴望对于我们的气场也很重要。当一个人失去渴望时，他的气场就失去了前进的方向，即使再强大的气场，在失去渴望之后也会瞬间变成一盘散沙。想要拥有强大的气场，就一定要拥有强烈的渴望。

李河君就是一个充满渴望的人，他渴望用清洁能源改变世界，渴望人类从此告别能源危机，渴望让中国在第三次工业革命中独占鳌头，渴望让汉能成为中国的三星、苹果……正是这些强烈的渴望，让他拥有驾驭自身气场的强大力量，充满一往无前的动力，让所有压力消弭于无形。渴望就像驱动气场能量向前运动的统帅，指引着他不断向前。

要想增强自身气场，就需要放大自己的渴望。但需要注意的是，让渴望更强大并不仅仅意味着让渴望变得更强烈，还包括让渴望更持久，让渴望更长久地发挥作用，让渴望的目标更高，等等。同时，在点燃渴望时还要掌握好一定的度。当我们的气场能量无法承担渴望的需要时，气场能量就会因为过度劳累而受到损伤。所以，在修炼气场能量的过程中，既需要运用渴望的力量，也需要调节好渴望的度。

我们可以通过很多途径让自己拥有渴望，比如定期设定不同目标去实现。当我们越来越坚定地要达到这个目标时，我们的渴望就会越来越强烈。脸书（Facebook）的创始人扎克伯格就是个好例子，他每年都会为自己制定一个明确的目标：2009年，他保证每天打领结去上班，向世人宣称他非常严肃认真地看待脸书的未来发展，这改变了人们对他游戏人间的固有看法。2010年，他因为华裔妻子决定学习普通话。结果是2014年10月23日那天，他用汉语在清华大学接受了30分钟的采访，震惊中外网友。虽然他的汉语语法不佳，发音也不标准，但他的自信令人印象深刻。面对提问，扎克伯格并未回避一些比较棘手的话题，他甚至试着开了几个玩笑。虽然口误不少，但清华学子显然热情欢迎他做了"没几个外国人敢去做的努力"。

当然，这3种方法还只是杯水车薪，要想真正展现出恺撒、李河君一样霸气、自信的气场，需要在生活中勤加修炼。在很长一段时间里，我们忽视了气场的作用，对自身的气场不闻不问。现在，是时候打造你的专属精神名片，重塑更强大的自我了！

财商影响魅力，谁都想和会赚钱的人交朋友

有人曾告诉年轻人："如果你想知道自己将来的年收入如何，找你最经常来往的6个朋友，把他们的年收入加起来，除以6，就差不多是你的了。"俗话说"人以类聚，物以群分"，拥有相似气质的人会聚集在一起，形成一个差异不大的圈子。比如，智者总是和智者打交道，正直的人会被另一个正直的人吸引，有钱人也更喜欢跟有钱人做朋友。从这点来说，"土豪，我们做朋友吧"这样的网络调侃也就不足为奇了，谁不想进入更优

质的圈子呢？问题是，他们为什么要接纳你？你有什么特质是他们欣赏的？

我们都想拥有更多的财富，但我们是否拥有能够被人欣赏的"财商"？财商本意指金融智商，现在泛指认识、创造和管理财富的能力。财商至少包括两方面的能力：一是正确认识财富及财富规律的能力；二是驾驭财富、正确运用财富及财富规律的能力。财商是与智商、情商拥有同等地位的现代人的基本素质，但有多少人具备这个素质呢？有一句格言让大部分人默然："工作的意义就是比破产强一点。"这句话适用于千百万人，因为学校没把"财商"看作一种智慧，大部分人都"按他们的方式活着"，这种方式就是：干活挣钱，支付账单。

李河君虽然多次强调自己并不看重财富和首富头衔，他更看重清洁能源事业，但这并不妨碍他成为一个高财商的人。而且，这里有一个普遍误区，那就是认为"不看重金钱"就是"财商低"。事实上，对于拥有高财商的人来说，他们往往很少在意"今天我能赚多少钱"或者"这个月我的薪水有多少"，因为他们知道，金钱和财富是两码事。前面提到，财商首先就是对财富的正确认识。金钱只是一个符号，获得金钱的能力才是真正的财富。换言之，获得金钱的能力有多强，你的财商就有多高，你的立足之本就有多坚固。在这个世界上，金钱数额的多少会随着时间发生变化，只有获得金钱的能力才是你生存和发展的可靠保障。

李河君总是强调梦想多过金钱，关注未来多过现在。在他看来，缺乏财商的人追求的是眼前的利益。他们害怕没钱，当他们看到别人下海致富时，一些人边看边说："我很满意我的位置。"另一些人说:"我对我的位置不满意,但是我舍不得现在的待遇。"他们追求的是金钱保障而不是真正的财富。这些人不仅生活无趣,也缺乏人格魅力,所以永远只能待在固定的圈子里。但在李河君看来,1年后的未来是苦涩的,10年后的未来却是美好的。没有这种长远眼光和坚韧心性,缺乏财富也就成了顺理成章之事。

李河君说,这些人不但缺乏进取心,还没有危机意识,他们即便机缘巧合拥有了巨额财富,也会转眼坐吃山空。曾有人提出这么一个有趣的设想:若是将目前全世界所有的现金以及所有产业全都混合在一起,平均地分给全球的每一个人,让每个人所拥有的财富都一样多,经过半个小时之后,这些财富均等的人们的经济状况就会开始有显著的改变。有的人在这时已经丧失了分到的那一份;有的人会因为豪赌输光;有的人会因为盲目投资而一文不剩;有的人则会受到欺骗而迅速破产。于是财富又开始重新分配,有些人的钱会变少,有些人的钱又开始多了起来,这种情况会随着时间的流逝而变得更加明显。经过3个月之后,贫富悬殊的情况将重新变得惊人。再经过两年时间,全球财富的分配情况就将和以前没什么区别。有钱的仍然是少部分,以前贫困的人依然贫困。

这究竟是为什么呢?为什么有钱的人总是越来越有钱,源源不断地吸引着财富,像滚雪球一样越滚越大?穷人总是越来越穷,每天都在奔忙,却只是挣扎于生计?最终,全世界80%的财富还是集中在20%的人手中。这一切的答案就是财商,财商带来强大的财富气场,不仅吸引金钱,还吸引别人的追随,帮你赚钱。

我们至少可以从两方面去考量财商和财富气场。首先是信念。有钱人相信这个世界上有着赚不完的钱，他们把财富作为一种信念，从不相信自己会赚不到钱，所以他们浑身上下都展现出强大的财富气场，让人心甘情愿地将信任交到他手上。有些人却认为财富和成功只属于少数的幸运儿，当他们相信自己无法获得财富的时候，财富气场也就离他们远去了，与之一同远去的还有别人的信任和关心。

其次是人格。财商当然不仅仅来源于信念，在我们身边有很多这样的人，他们对赚钱的渴望简直到了无以复加的地步，但他们依然没有获得财富，而且还让周围的人感到市侩。这是因为在任何情况下财商都绝不等同于信念。财商，是人格、心态、智慧和生命力的集合，它是人在追求财富的过程中所展现出来的独特而稳定的思维方式和行为风格。财富气场就是财富人格的外显，不同的财富人格能带来不同的财富气场。

看看那些拥有无数财富的人都拥有怎样的财富人格，或许我们就可以知道高财商的奥秘。李河君说如果"首富"的头衔有利于他实现清洁能源之梦，他就做；如果不能，他就不做。这种只问目标，不求虚名的态度就是他的财富人格，这铸就了他在光伏领域叱咤风云的财富气场。有人问传媒大王默多克是如何获取财富的，他回答说，他只是毫不迟疑地去做这件事。"毫不迟疑地去做这件事"就是默多克的财富人格，也是默多克财富气场的内在动力，是其高财商的根源。索罗斯在紧急情况下总是立即抓住自己认为最明智的做法，而牺牲其他所有可能的计划和目标，因为他不允许其他的计划和目标来扰乱自己的思维和行动。"决断"是索罗斯的财富人格，并为他带来了强大的财富气场。

综合来说，打造高财商，拥有令人羡慕的财富气场的关键是：敢于放弃眼前的优越却没有发展前景的生活状态，去闯荡，提高自己的硬实力。不被眼前的蝇头微利所诱惑，耐心探索自己的财富人格。自我磨炼的道路虽然艰辛而曲折，甚至可能需要你放弃许多，但是，一旦拥有了高财商，拥有了强大的财富气场，你所能获得的财富将会比你曾经失去的多得多。同时，你将吸引更多更优秀者的目光，进入更多更优质的圈子，让自己的优质生活拥有更长的保质期。

第八章

只有死去的鱼
才随波逐流
——"独裁"智慧

我不一定都是对的,但一定都得听我的

根据胡润研究院2015年2月3日发布的《2015年胡润全球富豪榜》,李河君凭借1600亿元资产超过马云和王健林,一跃成为新的中国首富——他也是16年来第12位中国首富。向来"低调"的李河君突然成为首富得益于汉能薄膜发电股价的暴涨:持股90%的他仅凭这一项,在账面上就有1100多亿元的身家。

在这个数据里,真正值得注意的不是李河君的身价起伏,而是他对汉能的控制强弱。2014年1月,汉能的股票曾出现大幅下挫,甚至停牌,李河君当时的选择是抵押所持市值约50亿元的股份,贷款获得3.45亿元,用于增持公司股份。所以,一年之后李河君持股达90%之多也就不奇怪了。相比上市股票90%的持股比例,李河君对整个汉能控股集团的持股比例更是达到惊人的97.57%。这些数据都显示了李河君对汉能的绝对控制力。

与李河君近乎独占汉能的持股比例形成鲜明对比的是:前首富马云只持有阿里巴巴集团7.8%的股份。当然,我们可以说,阿里巴巴的体量要比汉能大得多,但不可否认的是,这也体现了两位首富的不同经商、管理风格。

李河君并不笃信"独裁"之道,但是他认定的事,别人通常很难改变——不,是基本没有可能改变。李河君的管理哲学的基础是:"我不一定都是对的,但一定都得听我的。"这话听起来

有点蛮不讲理，但事实证明：正是这种"蛮理"为汉能带来了最为可观的收益。金安桥水电站建到一半，汉能资金极度困难，有人向李河君报价要买这个项目。对当时的李河君来说，这一转手不仅能立刻甩掉这个烫手山芋，还能净赚300亿元，有理由不接受吗？早就被资金压力弄得焦头烂额的几位汉能高管也建议李河君趁早脱手，但李河君坚定地说了"不"。他的理由很简单："这不是挣钱的事，金安桥一旦做成，我们不会缺钱，而如果卖掉，没法对支持我们的人交代。"李河君更看重的是长远利益和信誉，所以他力排众议，坚持将金安桥水电站建设完毕。结果我们都知道了，李河君的"独断"不仅为汉能带来每年数十亿元稳定的现金流，还为汉能在业内带来了极大的声誉。这些都是300亿元买不来的。

　　李河君认为，企业家必须对自己的判断拥有坚定的信心，有时甚至要为此付出让人觉得"专断"的代价。这种"与天下人作对"的窘境对成功企业家来说几乎是必经之路。就连一向以开明兼听著称，与李河君行事思路大相径庭的马云，在需要时也会表现出"独断"的一面。创业初期，有一次，马云在长城看到涂鸦式留言"某某到此一游""某某到此留念"而受到启发，认为阿里巴巴的网上论坛BBS应该按行业进行细致的分类。因此，他要求技术人员将BBS上的每一个帖子检测并分类。技术人员认为这样的人工分类有违互联网自由的传统习惯，但马云认为只有这样才能让用户方便、快捷地利用阿里巴巴，所以他坚持己见。当时很多人不同意，拍着桌子同马云吵。后来，马云出差到外地，通过电子邮件要求技术人员立即完成这一程序，结果他们还是不同意。于是，马云在电话里大声咆哮道："你们立刻去做！立刻！

马上！"后来，马云回忆说，当时自己真想立刻飞回去，猛拍那些技术人员的脑袋。马云的愤怒让技术人员不得不做出让步，也正是因为他的强硬要求，阿里巴巴的发展方向最终才确定下来，获得有效的执行。他的这种作风，也使得企业在网络泡沫时期不仅坚持下来，而且实现了赢利。

李河君与马云的亲身经历让我们看到，"三个臭皮匠赛过诸葛亮"的兼听思路有时并不适用于企业发展的关键时期。很多企业家误以为招募一支高智商的队伍，集思广益，就一定能做出最聪明的选择。然而，现在有个现象经常发生：你把一群真正聪明的人组成的团队放在一间屋子里，告诉他们去解决一个问题，最后会观察到他们陷入喋喋不休的"白痴状态"。其实，对一个团队、一个企业来说，只需要一个思想家、一个指挥官。

现实中，公司的决策过程是复杂的动态过程。所以，对于在多个国家、多个市场开展竞争的企业来说，"兼听民主"的董事会已成为组织应对环境复杂性和不确定性的重要机制。于是，很多新上任的CEO还以为自己终于掌握了公司的最高权力，却没想到最终掌权的是董事会。很多CEO在上任时希望大刀阔斧进行改革，但是最终被董事会否决，甚至很多项目兴致勃勃地做好了前期规划，却忘记考虑董事会这一最高权力层。正是认清了这一点，李河君才对增持汉能股份，加强对汉能的绝对控制有着异乎寻常的热情。可以说，没有这份"舍我其谁"的霸气，汉能不会成为能源领域的明星企业；没有这份"唯我独尊"的专断，李河君也不会成为中国的新任首富。

当心"意见奴役":坚持自己,请世界为你让路

考究的西装,红色的领带,儒雅的外表,大胆的言辞,这就是47岁的李河君给人的第一印象。不管你提出怎样的质疑,李河君都能轻描淡写地化解。他并非一个雄辩之人,他在公众面前宣讲的也常常是重复之语,但他斩钉截铁的语气会让你自然而然感受到一股极其充沛的自信。这种自信并不让你感到压迫,你却不由自主地开始同意他的观点。这种自信让我们想起作家三毛所说的:"在我的生活中,我就是主角。"

李河君很清楚:只有死去的鱼才随波逐流。一个成功企业家,首先一点就是自信,坚持自己的看法。若是连自己的判断都不能坚持,那还怎么在行业立足?很多人都有从众的习惯,而这种习惯其实是一种潜在的"精神奴役",其中最突出的表现就是"意见奴役":你真的喜欢这份工作吗?这个任务真的这样完成比较高效吗?你真的欣赏这种穿衣风格吗?你的看法,甚至是选择,最终在很大程度上受别人的意见影响。

但正如那句西方谚语所言:"一个人围着自己转,最后全世界都会围着他转;一个人围着全世界转,最后全世界都可能抛弃他。"聪明人从不试图去模仿别人,因为模仿别人的成功,只会让自己一败涂地。不如坚持自己的个性和想法,保持自己的追求和特色,等到时机成熟,你就会成为其他人模仿和追逐的对象。

曾经有科学家进行了一项研究,他们召集144位瑞士大学

生,将他们安排于彼此隔绝的工作隔间里,然后让每个人回答各种问题,比如住在苏黎世的新移民有多少。学生们估计的中值为10000,正确答案是10067,差距并不大。接着,科学家们将组里其他人的估计数字告诉了研究对象。这样,大家就能够参考组里其他人的反馈来调整自己随后的估计。而最终得到的结果却让人失望。突然之间,大家估计的区间明显变窄了,参加调查的人员在无意识地进行着彼此模仿。最后的结果就是,他们放大了自己的误差,而不是彼此抵消误差,于是造成每一轮估计的数字误差越来越大。

从这个实验我们可以看出:虽说知道别人的想法能够让自己更加安心,但是我们往往会被误导而做出错误判断,最终离正确的答案越来越远。这种现象被称作"社会影响效应"。在如今这个充斥着民意调查、社交网络、有线新闻的时代,我们会不停地接收到来自别人的想法,群体的想法会告诉我们该怎么去想。于是,我们就在不知不觉间失去了自我,失去了独立判断独立做决定的能力。

李河君提醒年轻人:有时候,一个人确实需要别人的帮助,但如果将别人的帮助当成一种可以长期依靠的东西,就势必形成一种懒惰的习惯。而对于一个杰出的人来说,他的选择就是:舍弃依靠,自己动手。用自己的双手去创造机遇,而不是等待他人的馈赠。这样的人不仅执着,也十分聪明。他们既懂得必须坚持的原则,也知道如何灵活运转策略。他们善于把握时机,能够审时度势,有时收敛锋芒,静观事态变化;有时针锋相对,有时互助友爱,有时融入群体,有时潜心独处;有时紧张工作,有时放松休闲;有时坚决抗衡,有时果断退让;有时陈述己见,有时沉默以对。他们的随机应变和应时而动，无不是依靠独立的精神和自由的意志，并结合环境的变化来完成的。当大部分人还在命运的洪流里随波逐流、苦不堪言时，他们早已驾驶自己建造的大船，乘风破浪去了！

回溯历史我们不难发现：但凡失败之人，皆不知自己为何失败；但凡成功之人，却都能非常清晰地认识他自己的优势所在。成功者总是那些对自己认识清晰，并且独立性极强的人，他们总是自己担负生命的责任，而绝不会让别人来驾驭自己。

首先，要相信自己选择的路只有自己才有发言权。有一句谚语说得很好："当一个人知道自己想要什么时，整个世界都将为之让路。"这个世界上，没有人能够比你更清楚自己的想法，没有人比你更了解自己想要什么，适合什么。很多时候，由于不够自信或者认识不够清楚，我们总是希望从别人的建议中寻找自己的出路，不断地寻求别人的建议和肯定，来规划自己的道路。事实上，你的性格、学识、特长、爱好，包括你想要一个什么样的环境与什么样性质的工作，什么样性格的恋人，只有你心里最清楚明白。别人的建议只是参考，基于对自己的清楚认识得到的决策，才是最适合自己的决策，只有明白自己想要的是什么，才能走好前进路上的每一步。

其次，要清楚别人的指摘只是意见，而不是命令。李河君说："如果你想朝前走，没有人能够把你拉到后面去。"人生中，有些时候，总会遇到一些障碍与矛盾，你的决定没有人支持，你的想法无人能理解，你想朝着东走，别人非说朝西走才是对的。如果一直委曲求全或者任人摆布的话，那么我们走的始终都是别人的路子。其实，没有任何人能够命令你朝着哪个方向去走,你的道路全都掌握在自己的手中。命运的安排只是给你更多的考验与磨炼,却绝对不会干涉你的决定。只有坚持自己的人,才能够不随波逐流,走出自己与众不同的道路。

每一个人都应该相信:只有自己才是掌握自己命运的主人,是内心意见的舵手。生命的真谛就在于自立自强自信,在遇到问题或困难时,我们应该提醒自己:自己能不能完成?不要轻易去依赖别人的帮助,不要让别人的意见左右自己的脚步。梅花不跟着众花朵争春,独自绽开于冰雪之中,吹香弄影,于是暗淡了一山的春色,成就了一世英名;溪水不与众山河湖海争流,坚持自己,独自叮咚于山林幽壑间,清澈婉转不负一生清誉。

不从众,循着自己心灵的指引,坚持独立做好自己,才能够走出真正属于自己的道路,才能够在这个世界上留下属于自己的光彩。

开明的独裁者:自负的背后是理智与自信

在权力的掌控方面,李河君一度被人评价为强势的独裁者。他曾说过,高速增长的创业公司,最大的风险是内部失控,所以必须保证创始人对公司的控制,才能一心一意地发展公司。如果失去对企业的控制权,那不如直接将企业卖掉,拿钱走人。

其实,在李河君看来,控制权在某种程度上并不完全是一个贬义词,他对控制权的把握,更多体现了一种果断和勇敢。团队内要有民主的气氛,能把成员的智慧发挥到最大,但同样也需要一名勇敢的掌权者，让决策变得更有效，正如李河君所说："可以避免太多的资源被浪费。"

从这点来说，京东的刘强东和李河君是一类人。2014年5月，京东成功上市，而刘强东毫无悬念地成为京东最大的股东。京东实行的是AB股机制，两者投票权对比是1∶20，而在刘强东手上的，全部都是B类股，他不仅实际持股23.1%，是最大的股东，投票权更是高达83.7%，也就是说，京东的任何决策，刘强东一人就能够实施一票否决。这与一直以来他强调的控制权正好相符。早在京东初期扩张融资的时候，与安彩、今日资本的合作，就已经让刘强东深刻地意识到公司控制权的重要性，只有自己享有足够的控制权，公司才不会被人牵着鼻子走。所在，在他看来，控制权就是自己在企业里的命，如果没有了控制权，也就意味着自己失去了这个公司。对于新股东在公司几乎没有话语权的质疑，刘强东回应称，京东在业务增长的快车道上，创业公司希望将精力全部放在业务如何增长、用户体验如何改善等方面，对创始人来说，公司的绝对控制权是有益的。他提到，一些职业经理人管理的公司，将大量的精力耗费在了和股东的沟通、博弈上，而京东的业务发展还有很大的压力，应将精力放在业务上。

乔布斯也曾说过，人多的时候，大家往往都不知道该干什么了。而这个时候，也就是我应该出场来做决定的时候。所以说，团队中需要一个领袖，一个能拍板做决策的人。虽然多元化的思考是好的，头脑风暴也是必要的，但是多人决策有时会降低效率甚至没有结果，所以有时候团队需要果断的作风。乔布斯认为让整个团队来决定产品的定位是很难的事情，所以他便成了一个产品独裁者。在苹果公司，乔布斯每两三年就会成功地挑选并指导开发一系列产品，比如iMac、iPod以及iPhone。在产品开发过程中，乔布斯直接参与重大决策的制定。乔布斯是独裁者，但他并不是一言堂，他的独裁是建立在集体智慧之上的一种敏锐的判断。乔布斯认为团队必须民主，但做决定的时候必须独裁。

在汉能的管理方面，李河君摸索出了一套"开明式独裁"的特殊管理模式。这种模式的利弊都十分明显：利是汉能行事果决、执行效率高，避免了因争论而导致的决策缓慢和因权力分散而导致的执行受阻，这使得汉能在进行企业变革或扩张时相比其他公司更果断而迅捷。弊则是万一李河君的决策出现致命错误，那么汉能也会一下子陷入万劫不复的深渊。除此之外，还有什么是我们习惯性遗漏的要点呢？

我们知道，虽然中国自古以来的独裁者并不少，但在整体的舆论氛围中，人们多是尊崇谦卑的，很多企业领导者一般也都是低调行事，在评价自己时就更是如此了。但李河君和格力的董明珠不喜欢这一套。相比行事独裁、为人儒雅的李河君，董明珠将"一言堂"发挥到了更加极端的地步。董明珠对自己的评价十分霸道而固执："我从来就没有失误过，也从不认错，我永远是对的。"她在面对记者采访时直白而冷静地这么说。

董明珠说话声音洪亮，频率很高，语气中有不容置疑的自信，同时还让对手找不到可以胡搅蛮缠的漏洞，这就是她的招牌讲话风格。她形容自己要么不说，要说就非得说赢，这种说不清是娘胎里带来的还是后天历练成的强悍性格，让她从小就得了个"常有理"的外号。

董明珠的原则是：自己的决策，自己肯定认为是对的。她的这个原则，看起来有点荒唐蛮横，却有一定的道理。作为一个企业领导者，对于自己的决策如果自己都不认同，那就更谈不上让别人认同，也就不能够有效地执行。正因如此，董明珠在管理上甚至有些自以为是，她告诉员工，只要走进格力公司，就必须按照她的思维去工作。

一般的企业领导者不会如此明目张胆地说出这样的话，但是董明珠就敢说。董明珠敢如此说，是因为她始终将企业的利益放在首位，只有问心无愧的人才敢说。一个人让他人屈服很容易，权势、金钱、地位，等等，只要善加运用，每一种方法都可以让对方屈服。但要让一个人从心底佩服，就必须让对方敬佩你的做事风格和结果。董明珠敢如此坦率地说出自己真实的想法，不仅因为在格力的十几年来，她所做出的绝大多数决策都是正确的，还因为她的每一项决策都是站在公司利益的立场上，为了公司的发展做出的。做决策的时候，她从来不考虑自己的利益。

对手们这样形容她的厉害：董明珠走过的路，都长不出草来。此话事出有因，从1996年开始，董明珠带领23名营销业务员迎战国内某厂家近千人的营销队伍，夺得全国销量第一，而且没有一分钱的应收账款，其营销绝招至今还让人津津乐道，令对手口服心服，以至于有人自费坐飞机到格力，非要看看"董明珠究竟是个什么样的女人"。

2004年，国美未经格力允许，擅自将其空调降价销售，董明珠立即中断与国美的合作，一时舆论哗然。专家学者纷纷对此事发表自己的看法，均认为格力此举无异于自毁前程。对这些论断，董明珠不屑一顾。相反，她抛出更惊人的看法：和国美、苏宁这样的大型零售连锁店合作，对很多制造企业来说只会死得更快。

两年之后，事实再次证明，董明珠是胜利者。撤出与国美的合作，格力的销售额不但没有下降，反而一路飙升，一直处于国内空调行业的龙头地位。不要以为董明珠的决策是在意气用事，作为一个企业领导者，她是非常清醒的。如她所说，如果作为一个领导者，在做出一个决策之前，不能全盘考虑尽量缩小风险和错误的可能性，那就是不负责任的。一个决定上的失误，对个人来说可能没什么，但对企业来说，就可能酿成无法补救的后果。因此，她不能失误，她必须做出正确的判断。

人们通常只关注领导者"说一不二"的结果，却很少关注其做出决定的审慎过程。李河君和董明珠的自信与"自负"背后，都有着负责任的态度。他们对自己决策的坚持，并非倔强或者固执，而是一种理性思考后的自信和对公司长远上的负责。对一个公司和职员的发展来说，他们需要的不是民主的决策，而是正确的决策。所以，真正的大企业家不仅需要兼听和包容的胸怀，更需要宁愿背负独裁的骂名，也要坚持对公司更好的策略的勇敢与坚韧。

明争暗斗还是坦诚合作：董事会究竟该怎么治

李河君的管理思路对于新成立的小企业，还有正走在发展路上的中小型企业来说都有借鉴意义：失去控制权，就意味着失去了自己的梦想，权力只有在自己手中，企业才算是你的，梦想才有实现的可能。所以，在寻求外界帮助的时候，切莫因为发展艰难、资金不足等问题，而轻易将自己的企业"卖掉"，除非你只

第八章
只有死去的鱼才随波逐流——"独裁"智慧

想"寄人篱下","混口饭吃"。正如李河君所说,失去控制权,不如卖掉企业拿钱走人;没有控制权,就没有自己的明天。

但在现实中,许多青年创业者在带领企业小获成功,并获得融资后,常常陷入与董事会周旋的泥潭,于是很多本来极有创造力的企业家都被弄得精疲力竭。那对一个聪明的企业家来说,董事会究竟该怎么治才能确保其提供正向的决策能量,而不是延误战机呢?

李河君建议,换个角度来思考:董事会发挥决策角色不仅表现在要对高管层的决策进行审批,提供咨询或建议,更表现为培育自身和高管层共同决策的角色。高管层是决策的执行者和驱动者,企业行动是高管团队行动的反映。因而,在整个决策过程中,董事会必须与高管层不断进行连续的、正式与非正式的、有效的相互作用,这成为企业决策不可缺少的行动环节。

如何提高董事会的决策能力,李河君认为应着眼于以下几点:

第一,健全组织架构。提升董事会的决策能力是一项比较复杂的工作,应该从最基础的部分做起。随着公司的经营管理专业化程度不断提高,董事会作为公司治理的核心,必须不断提高决策的科学性。董事会专门委员会是现代公司董事会的重要组成部分,不仅可以提高董事会决策的专业化水准,而且可以提高董事会的工作效率。

第二,尊重董事的独立性。也就是每个董事独立地发表自己的意见,包括质疑和建设性的意见,同时也能充分地听取和尊重他人的意见。董事会是个决策机构,讨论问题时又应像个学术组织。董事会不应该只是一团和气,应该尊重董事的独立性和不同观点。

第三，完善委员会章程。大多数公司都制定了相关章程以明确董事会下属各个委员会应该负责制定哪些决策。比如，美国南方保健公司（Health South）曾曝出管理层舞弊丑闻，此后它的薪酬委员会就在章程中规定，公司董事会必须选择独立的薪酬顾问，并对所有的薪酬方案、股权奖励和高管聘用合同进行审核。

第四，制定年度日程表。公司应该对董事会必须考虑的一些重要事项制定时间表。比如，1月份关注公司战略，2月份讨论业务计划，3月份确定资本预算……11月份决定高管薪酬，12月份明确继任计划。董事会下属的审核、薪酬、提名等委员会也应制定类似的时间表。此举可确保董事会参与那些关键决策。

第五，决策事项备忘录。许多大公司都明确界定了董事和高管各自的决策范围。比如，英国最大的金融服务公司哈里法克斯银行（简称HBOS）对外公开了自己的"董事会决策清单"，明确了董事应当监察的几十项内容，如财务报表、年度分红、高管薪酬、内控制度的重大变动，以及在整个事业部毛收入中占比超过1%的新业务。

如果决策具有战略重要性，即使涉及的资源相对较少，也应提交董事会，因为这会影响公司的核心价值观；公司管理层应该将重大的战略决策划分为几个小决策，按顺序逐一提交董事会，以便董事会充分考虑每一个提案；董事们在制定决策后，必须继续积极敦促管理层，确保决策得到有效的贯彻执行；公司CEO应该与非执行董事长或首席董事保持持续的非正式对话，这有助于确定哪些决策应该在何时提交全体董事决议；董事们在审议管理层提案之前，应该质询高管的某些假设是否合理，促使高管在采取行动前对自己的决策做出有理有据的解释。

第六，透明的信息披露。尤其对于上市公司而言，经过信息披露机制可以将公司的经营状况及时向投资者和社会公众进行公开，它是督促董事会正确履行职责，做出科学、合理决策的市场监督机制。透明的信息披露机制对完善公司治理、促进企业内部运作稳定具有重要意义，可以预防内部经理人控制等道德风险的发生。

第七，学习型组织。董事会是管战略决策的，是管方向的，每位董事必须拥有全球性的视野和很强的专业水平，这就要求不断学习。

虽然这些原则和流程并不能确保董事会做出明智的决策，但至少可以促使董事和高管们检视自己公司的决策流程，并结合自身的情况制定一套指导方针，使董事会能够更加有效地决策。

第九章

做对事不如找对人，
  管好人
  ——管理智慧

第一是靠人，第二是靠人，第三还是靠人

2015年1月，李河君在接受《纽约时报》采访时，曾被记者索尼亚·杰瑟普问到这样一个问题："您觉得什么是商业成功之道？"

李河君没有谈自己的投资眼光，也没有强调汉能的进取气魄，他的回答是："第一是靠人，第二是靠人，第三还是靠人。"在他看来，如何激励人工作才是最重要的。他进一步解释说："我认为汉能人相信我们所做的事业，我也给他们创造机会。我不是一个事必躬亲的人，我觉得更重要的是给员工们一个坚实的愿景，而不是大事小事一把抓。我要信任为我工作的员工。显然，确定能为你工作的合适人选非常重要，在这方面我很擅长。"

记者接着问道："那如何确定合适的管理者人选？"李河君回答说："每个人对成功的定义不同。对我而言，成功不是你能赚很多钱，而是你能否有所作为。我觉得许多高端人才愿意到汉能来是因为我们有愿景，因为他们相信我们为之努力的事业。正是基于这一共同愿景，我们的员工都干劲十足，对汉能的事业充满热情。这也是汉能能够留住人才的重要原因。"

可见，在李河君看来，对一个企业的发展来说，人始终是最核心的因素。因此，每个年度汉能都会制订出系统的人才引进规

划与人员编制计划，广泛吸纳认同汉能文化并且愿意长期稳定与汉能共同发展、进步的社会精英，壮大汉能团队。同时，汉能也与多家高校联合，共同遴选专业对口、思想进步、积极向上的青年才俊，为汉能注入最有活力的新鲜血液。

2014年12月，由太和顾问主办的中国人力资源高峰论坛暨第三届中国好雇主颁奖盛典在北京举行。注重人才战略的汉能凭借其在企业文化、人才管理、薪酬福利以及员工职业发展4个方面的卓越表现，获得"2014中国好雇主单项奖"——这已经是汉能连续第二年获得该奖项了。

近年来，汉能随着自身业务的快速发展，不仅积极引进人才，还完成了多次海外并购。如今，汉能在全球拥有近1万名雇员。2014年是汉能在业绩上高歌猛进的突破年，也是汉能不得不应对的人力资源转型之年。李河君在加速文化融合、进一步加强执行力建设、人才引进和培养3个方面进行了深入的研究，为汉能构建了一整套完整的人才成长体系，帮助员工快速融入汉能，不断提升个人能力，在帮助公司发展的同时实现个人价值。这才是李河君眼中真正的"商业成功之道"。

资产只是一个数字，人才是真正的财富。拥有庞大资产的企业，其实力一定非常雄厚；但如果该企业缺乏各种人才，那么它的兴盛只能是暂时的。与此相反，拥有较少资产但重视人才的企业必定拥有更好的发展前景。人才是一个企业成功与否的关键，这是为国内外企业家所公认的。

进入21世纪，企业之间的主要竞争变成了人才的竞争，拥有人才、善用人才，企业就能不断创新，企业竞争力得以提高，企业就会不断发展壮大。因此，优秀的企业家都非常重视对人才的引进和选拔，把网罗人才放在头等重要的位置。

网罗人才的重点在于选对人，就像中国IT教父柳传志说的那样："当组织架构好了之后，我在每一个行业里面要选对人，这个人是不是真能够独当一面，这是非常重要的。（要看他）有没有这么高的追求，有没有这么大的胸怀，有没有非常强的学习能力。我相信在座各位，原来大学、研究生学什么到现在干什么的人已经不多，很多人都是从这个行业进入那个行业不断学习，学习能力强不强是非常重要的。而在长期实践中，我主要注意培养不仅是干活，更是通过干活怎么带出人来，这是我觉得我最需要做的工作，我觉得选对人是很重要的。"

对于企业来说，人才未必指的就是最为优秀的人，而是最适合这个岗位的人。用最合适的人胜过用最好的人，精明的企业管理者对待人才要做的就是将合适的人才放在合适的岗位上，因为每个人的能力和每个岗位的要求都是不同的。不同的工作需要不同能力的人，而不同的工作环境也可以培养不同能力的人。作为一个管理者，把任务授权给最合适的人是最重要的。让合适的人做合适的事，达到人事相宜，是管理者经营企业的一项重要原则。一个公司只有做到人尽其才，物尽其用，才能上下齐心，同舟共济，保持良好发展的动力。

物尽其用、人尽其才是每一个管理者都孜孜以求的管理之道，因为这涉及一个人才及岗位价值的最大化问题，与企业用人标准密切相关。蒙牛集团总裁牛根生在谈到这点时说："从人本管理的角度看，人人都是人才，就看放的是不是地方，这是一个人岗匹配的问题。这就像木头，粗的可以做梁，细的可以做椽，浑身疙瘩的还可以做柴火……人也是这样，不同的岗位有不同的人才需求，不同的人才有不同的岗位适应性。"

　　管理学上一条著名的定理是"没有平庸的人，只有平庸的管理"。传统的管理仅仅依照工作的制度安排人的位置，结果许多讷于言辞的员工被安排去组织展销会，许多头脑里新点子迭出的员工被安排做财务……作为一名成功的创业者，应该知人善任，让自己的下属去做适合他们的事情，这样才能充分发挥他们的工作潜能，实现企业人力资源的有效利用。

品德问题就是零因子，零乘亿万等于零

　　在管理用人上，李河君不只看重一个人的能力，更看重这个人的德行。在汉能企业文化的核心内容——"汉能司训十八条"中，就特别强调了这一点："品德问题就是零因子，零乘亿万等于零。"

　　对于这句话，李河君的理解有3点：

　　1."汉能的发展历史告诉我们，我们的能力可以差一点，可以学习；我们的脑子可以笨一点，步伐可以慢一点，但绝对不能有'零因子'。"

　　2."人都会犯错误，但是不能犯触碰底线的错误；人可以犯很多的错误，唯独高压线上的是非不能碰。"

　　3."要把握底线原则，人生最重要的原则就是品德。知道什么可以干，什么不可以干，一定要坚守。不能为了利益，为了银子，不顾一切！"

在李河君看来，"一个优秀的领导者，第一是人格的力量，第二是能力。我们一天到晚干的每一件事情，都是由品格决定的，由责任心决定的。"著名的管理大师德鲁克也曾经说："如果领导者缺乏正直的品格，那么，无论他多么有知识、有才华、有成就，都可能造成重大损失——因为他破坏了企业中最宝贵的资源——人，破坏组织的精神，破坏工作成就。"

人品作为一种内在的品质和涵养，必须通过个人的内向修炼，通过持续的自我省察和反馈改进的方式获得改善。但是，这并不妨碍领导者在管理实务中通过榜样和避免犯错误来塑造正直的品格。

无论讨论哪种类型的领导力，人品都非常重要。从某种意义上说，领导力就是人品。支撑领导力的3个要素就是抱负、能力和诚信。如果3个要素失去平衡，出现了抱负与能力的可怕结合，就会出现个人权力高于组织愿景、把个人利益摆在整体利益前面的自私的领导者。而如果没有能力、诚信与抱负的结合，会制造出一个善良却没有实现能力的领导者。诚信与能力的结合可以促成善举，但不会开辟新的天地。只有三者平衡，才能让领导者忠于一个合乎道德的抱负，并为他人实现那个抱负。

对于企业领导来说，员工的人品就像火车的方向、路轨，而才能就像发动机。如果方向、路轨偏了，发动机的功率越大，造成的危害也就越大。每个人的潜力都是无限的，有什么样的人品，就会有什么样的工作业绩与生命质量。

一些跨国公司在全球化过程中就非常重视道德建设，在选贤任能方面尤其重视人品。惠而浦就是用人重操守的成功典范，其著名的"恒久价值"观内容包括：相互尊重、诚实正直、多元化

第九章 做对事不如找对人，管好人——管理智慧

和团结合作。惠而浦公司在招募新员工时，十分注重选拔具有诚实、正直品行的人才。

惠而浦认为，如果一位员工不能诚实地工作，可能他在短时间内能够带来效益，但不可能带来长远的利益；如果一位员工不能公正地做一份工作，那么，公司的声誉就会受到损害。在惠而浦，只有为团队利益工作，而非为个人角色工作的人才会受到礼遇。这也清晰地向我们传达了一个信息：人品是企业搏击市场的中流砥柱。

李河君十分认同某位经济学家提出的一个公式：人品+质量=品质。这里的"质量"是指产品的性能、材料、使用期限、外观等技术指标；"品质"是指消费者对产品满足市场需要的品位、知名度、名誉等的客观评价。"人品"就是人的思想品质、职业道德、责任心等。公式告诉我们：人品决定着产品质量的品位。

无论什么产品，从生产过程到流通领域，再到消费者手中，整个过程不仅仅是人与物打交道，而首先是一种人与人的关系。产品品质说到底是人对人要讲良心、讲信誉、负责任。只有人品高尚，时刻为消费者着想，产品的品质才能提高。

从某种意义上讲，市场经济是一种人格经济。谁具有高尚的人格和道德，能够坚持正确的经营方针，始终以一流的产品和一流的服务为顾客服务，谁就会获得他们的信赖，从而获得良好的经济效益。正是因为认识到了品德问题的重要性，李河君才能在选才用人上做到以德为先，避免犯触碰底线的错误，保持汉能的持续发展。

要得到员工的信任,首先要证明自己值得信任

在李河君看来,作为企业领导者,要想激励员工,就必须让团队成员信任自己,否则就注定会失败。而要得到员工的信任,领导者首先要证明自己是值得信任的。在中国哲学中,信任的最高层次是不言而信——无须辩护或解释,人们就敬畏且信任你。

李河君自认是一个天生的领导者。当他还很小的时候,大概7岁时,就喜欢指挥邻里的孩子们。长大后,他进入北京交通大学读书,领导能力也得到展现:在大学二年级时,他曾组织30多个同学在学校食堂门口卖胶卷,他会根据同学们不同的性格特长进行团队分工,有负责采购胶卷的,有负责吆喝售卖的,还有负责管钱的。那次活动虽然简单,但体现了团队管理的很多基本原则,比如共同的目标、成员的能力认知和职位匹配、流程的管理、利益的分享,等等。那次活动给李河君最深的感受就是挣钱不易,同时也让他体会到了团队合作的力量。

26岁时,李河君决定好好发挥自己的领导才能,成立了他自己的公司,当时只有7个人,大都是他的同学,大家年纪都差不多。李河君当时也不知道这些同学为什么会跟随他,但他想大概是因为这些人信任他,相信他们的使命。

成立公司和同学一起共事让团队运作显得容易一些,因为他们彼此熟悉,有一定的理解和信任。但李河君深知:员工管理需要很强的愿景和实现愿景的信心,因此他必须对每个人都提出更

第九章
做对事不如找对人，管好人——管理智慧

高更严格的要求，并从自身做起。

著名企业家任志强曾说过："企业的权力和声望，实际上靠个人魅力。就是人家信任你是个有能力的人，你说了，大家愿意听你的。所以你能带领一帮人，跟着你走。另外，我认为很重要的一点，不管别人跟我说的是不是真话，但我说话算数，就是说不光是说真话，而且是说话算数。我说到，基本就能做到。这样，大家就信任你。起码大家看得见你在做这个事情，也认为你能做成。"

确实，在一个企业中，领导者占据着重要的地位，领导者的素质直接决定着企业的发展。在这里，我们用企业家素质来概括领导者应有的这种素质。作为企业的领导者，应该具备基本的能力，要由成功到优秀，再由优秀到卓越。卓越是领导者应有的素质之一。卓越的领导者能充分认识自己，并拥有超出一般领导者的能力。

而在李河君看来，一个人要想成为一名领导者，必须具备这样的企业家素质：

"很重要的一点是你对事业的信念。我有足够的钱生活，完全可以退休，打打高尔夫，但我还在为我笃信的事业奋斗，这就是用清洁能源改变世界。你对共同的事业怀有信仰，就能够号召周围的每一个人，这是很激动人心的。

"我觉得汉能区别于其他企业的一点是我们拥有共同的目标。我们既不是为了赚钱也不是为了出名，而是专注于能源利用的终极方案，通过提供更安全、便捷和合算的能源为大众创造更美好的生活方式。这就是5年前我们在各种太阳能技术中选择薄膜发电的原因。太阳能领域有很多人都质疑我们的选择，但我们

相信整个行业在朝着我们选择的方向发展。"

汉能公司的飞速发展,很好地证明了李河君是一个值得员工信任的优秀领导者。

在现代管理学之父德鲁克看来,优秀的领导者善于运用领导艺术来解决问题,更重要的是他们所具有的品质能使下属心悦诚服。他们持事以公,就事论事,赞扬下属是出于真诚,批评下属也是出于真诚。他们严格要求自己,也严格要求下属。他们不留情面,但不是出于私利和成见。他们的所有行为都体现出一种负责的精神,这种精神使他们能为企业的绩效和未来负责,为员工的成长负责。

实际工作中,很多领导者把获得下属的信任误解为给下属实惠,毫无原则地和所有人都打成一片。其实,真正的领导者,善于团结大多数,但绝不逾越自己的底线。他们的领导力是通过坚持原则,敢于纠正下属工作中的失误来体现的。

领导者获得下属的信任,才能凝聚企业的向心力,使企业员工心往一处想,劲往一处使。无论我们强调怎样的管理理念,都无法代替领导者的作用,因为领导者获得的信任越多,企业发展壮大的可能性就越大。

其实,下属信任领导者,并不完全出于领导者的能力,还取决于领导者所具有的一些品质,比如责任心、正直、坚持原则等。"大道至简",领导者要经营好自己的事业,关键是要经营好自己的人品。

在中国的市场环境中,企业领导者一定要注意那些非生产因素、非智力因素。作为企业一把手,不要过分纠结于细节、执行这些细碎的问题,而要反思如何提高自身的素质,赢得下属的信任和支持。中国并不缺少勤奋的员工，但缺少有企业家素质的领导者。

要做一个有企业家素质的领导者，就要善于摆脱常识的束缚。在企业发展的过程中，必然会遇到一些新问题、新情况。能否打破束缚人们前进的旧传统、旧观念，能否适应新情况、解决新问题，是决定领导者能否进行有效的领导的一个重要标准。具有开拓创新精神是对领导者的基本要求。

日本著名实业家稻盛和夫认为，领导者在管理和领导企业员工时，只有打破常识的束缚，挣脱常规观念的约束，打破传统模式或习惯，勇于引进或创立新的理念、方式或流程，创造并致力于一种鼓励员工创新的工作环境，才能在激烈的市场竞争中存活。同时，企业领导者对新环境、新事物、新问题要具备敏锐感知的能力，善于捕捉信息，加工出新观念、新设想。

稻盛和夫说过："我们若有勇气否定常识和传统的科学知识，真正的创造力即可形成。不管你想在哪个领域求得创新——企业、科学或是艺术，没有自由、反传统的精神，你都无法获得真正的成功。"

领导者只有时时有创意，并激发员工去想一些新点子，不断地在新的领域中挑战自我，才能聚集能量，使潜力在瞬间爆发，驱使自己的企业迈向成功，否则，企业和社会的未来将一片暗淡。领导者只有真正摆脱老框框的束缚，敢想、敢说，不断探索新世界的奥秘，然后再将这种气质传递给下属员工，使得他们提高工作业绩和工作效率，才能使企业发展壮大。

领导者的素质直接决定着团队的续航力，所以，要想打造积极向上的团队，首先就要把自己打造成各方面俱优的企业领导者。

执行没有借口,才能保证"汉能没有不可能"

在汉能,李河君一直推行一种"执行,没有借口"的管理原则。在李河君看来,"世界上最容易的事情就是找借口,但是在市场面前,我们能找借口吗?全集团要大力倡导执行力文化,营造一种文化氛围。我们的员工要具备一种'拒绝借口'的思想意识、勇于克服困难的工作态度、恪尽职守的职业道德,学会应对压力和挑战,培养不达目的决不罢休的毅力,真正懂得:工作中没有任何借口,失败没有任何借口,人生也同样没有任何借口"!

之所以在汉能推行这种"执行,没有借口"的管理原则,是因为综观汉能发展过程中每一个重要的阶段、每一次跨越式的发展,都是一个把别人认为不可能、看似天方夜谭的事情变成可能的过程。而汉能之所以能把那么多的不可能变成可能,凭的就是汉能强大的执行力。

执行力一直是个热门的话题。执行力是指企业贯彻落实领导决策、及时有效地解决问题的能力,是企业管理决策在实施过程中原则性和灵活性相互结合的重要体现。很多公司的总经理一说到公司内部管理问题,都会不约而同地提到执行力,都觉得执行力不强是制约公司发展的重大瓶颈。

苹果公司成功的秘诀就在于它强大的执行力,可以很快将充满创意构思的原型拿到工厂,最终将工厂里生产出来的产品送到

第九章
做对事不如找对人，管好人——管理智慧

消费者手中。苹果教父乔布斯的脑海里虽然总是蹦出稀奇古怪、天马行空的创意和构想，但与常人不同的是，他总能将这些创意和构想做到绝对的执行。当他想做某件事时，他的计划表都是按天和星期，而不是按月或年计划的，用他自己的话来说就是"喜欢这种行事风格"。

确实，10个说得再动听的员工也比不上1个干得好的员工。在职场中，只有遇事积极行动的人才能脱颖而出，获得别人的赏识。对于优秀的职员来说，工作需要的不仅仅是行动，更应当是马上行动。机会稍纵即逝，只有想到做到、马上行动的人才能把握这一切。

有一位心理学家多年来一直在探寻成功人士的精神世界，他发现了两种本质的力量：一种是在严格而缜密的逻辑思维引导下艰苦工作；另一种是在突发、热烈的灵感激励下立即行动。当可能改变命运的灵感在生活中喷发时，绝大多数人习惯于将它扼杀，而后又回到原来的生活轨道：什么时候该做什么照常做什么。他们并没有意识到，内在的冲动是人类潜意识通向客观世界的直达快车。成功者都能将理想转化为自己的目标，并毫不犹豫地去行动。

对于企业来说，只有不折不扣地执行，决策才能发挥效果，这样的执行才是有效的执行。只有不折不扣地执行才能忙有所得，才是实现目标的根本保证。凡成功企业在执行上一定有一套严格的标准，比如联想。联想集团创始人柳传志有一句名言："爬喜马拉雅山，可以从南坡爬，也可以从北坡爬。联想一旦决定从北坡爬，大家就不要再争了，哪怕北坡看似更远、更陡、更危险。"

他的意思是，企业要制度化管理，而且制度不是用来讨论的，而是用来执行的。也就是说，企业若想顺畅发展，就一定要有一套完善的管理制度，并且所有人均应严格按照制度执行。制度是企业管理的基础和保证。因此，制度一旦制定下来就必须严格遵守，否则企业就会成为一盘散沙，危及企业的生存。还有很重要的一点，制度一旦制定，任何人都要严格执行，没有例外。而管理者在制定及执行制度的过程中要遵守3个原则：

1. 要保证制度的严肃性和连续性。朝令夕改会使制度失去效力，流于形式，因此一个好的企业制度要保证不因企业管理者的改变而改变，不因管理者与被管理者关系的亲疏而改变。

2. 制度要随客观环境的变化而不断改进、修订和完善。制度不可能一成不变，必须与时俱进。

3. 所有制度必须依据人的本性，使其便于执行。企业的制度要尽可能少，制度越少，员工重视的程度就越高。制度要简单易懂，要对每一条款都进行解释，以免造成误解，要尽可能让员工参与制度的制定。

为保证制度的执行，管理者还必须认识到检查的重要性，因为不检查就等于不重视。IBM公司前总裁郭士纳曾说："人们不会做你希望的，只会做你检查的；你强调什么，你就检查什么，你不检查就等于不重视。"检查的过程既是揭露问题的过程，也是修正错误的过程。只有对需要重视的东西做全方位的检查，才能将执行不折不扣地落到实处。

最后，在企业行动中，管理者也需要找到提高执行效率的方法。这个方法就是奥卡姆剃刀定律：把事情变复杂很简单，把事情变简单很复杂。这个定律要求人们在处理问题时，把握本质，解决最根本的问题。尤其要顺应自然，不要把事情人为地复杂化，这样才能把事情处理好。

因人而异激励，真正让员工与企业同呼吸、共命运

李河君深知，人才是企业的重要资产和第一财富，人才的发展在汉能发展历程中始终具有重要的战略意义。因此，在汉能的发展历程中，李河君一直非常重视人才的引进、管理和发展，这对汉能具有非常重要的战略意义。

对于加入汉能的人才，汉能构建了一整套完整的成长体系，通过不断优化和完善人力资源管理体系，对人才实行科学化、合理化的管理，以期帮助人才快速融入汉能文化，不断提升个人能力，在帮助公司发展的同时实现个人价值。

汉能的人力资源管理体系表明，汉能非常重视员工的教育、培训、职业生涯规划和组织发展规划，在明确各部门角色定位、各职位职责和管理权限、流程的基础上，人力资源中心注重激励个人能力的充分发挥，不断开发员工的核心技能与专长，促进个人及组织的职业化水平。通过科学的梯队建设完成关键员工的选、用、育、留，通过前瞻性的选拔体系甄选优秀人才进入公司中高层主管，通过对员工实施个性化的激励计划，如长期激励（股权期权）、中期激励（机会与荣誉）、培训激励、感情激励、因人而异的个性化激励及因人而异的阶段性激励等，激励员工与企业同呼吸、共命运，以人力资源的不断增值实现企业的持

续成长，以企业的持续增长给予员工更丰厚的物质和精神回报。

汉能的人才发展体系则表明，汉能按照不同的职业特点及个人特长，为不同岗位的员工规划出完善而又个性化的职业发展路径，鼓励员工选择最适合自身发展的职业通道，为企业的发展做出个人的最大贡献。

在汉能，员工的职业发展通道为管理、技术开发、营销、工程、生产、专业等六大类。以"千名精英"项目的启动为起点，通过专业的评估与选拔将员工分为集团高管、汉林院、总裁助理、优秀经理人、新经理人、骨干员工、管理培训生及新员工等，对于不同定位的员工进行有针对性的培养，分别制定能力素质模型与能力提升计划。同时，按照"岗位需要为主，兼顾潜能开发"的原则建立分层分类的培训开发体系，以内部培训和外派培训结合的方式，不断提升人力资本价值，为员工开设多个晋升通道，创造均等发展机会，鼓励员工通过自身努力获得发展。

为了给汉能打造一支高端人才队伍，造就一批作风严谨和能力卓越的职业经理人，2012年，汉能正式启动了"千名精英"计划，对一定职级以上的员工进行分组织、分层级、分序列的盘点与发展。通过盘点现有人员的领导力、潜质、绩效的状况，结合集团的战略发展目标与组织能力建设的需求，拟订个人发展规划，配套集团及各级组织的培养发展资源，帮助参与人员发展自我，加速集团人才的发展，进而推动集团战略目标的实现。

因人而异的个性化激励计划，激起了汉能员工极大的工作激情，使他们真正做到了与企业同呼吸、共命运，帮助汉能在发展的道路上实现了一次又一次的飞跃。

在李河君看来，企业管理者在经营过程中，设计一个有效激励机制的关键就是理解员工的偏好。企业管理者在建立各种各样的激励机制时，必须能够预见激励对象对此做出的反应，无论是设计薪酬制度，还是制定招聘、解雇、职称、职位、工作环境等政策，只有深入理解员工的偏好，才能找到符合企业发展需求的最优方案。

一般来说，人们都喜欢"收入越多越好，工作越少越好"，并且收入越多，收入的边际效用越低；工作越多，工作的边际成本越高。正因为一个人工作需要付出成本，所以要给予补偿；也正因为他在乎收入，所以企业才可以调动他的积极性，才有办法监督、约束他。

因此，根据大多数人的个人偏好，企业管理者可以从薪酬激励中读出3种含义：

一是工资水平必须随着工作量的增加而增加。当工作量、工作时间、努力程度等工作成本不断增加时，多出部分的工资率一定要相应越来越高，通常加班费高于正常工资就是这个道理。

二是收入越高激励成本越高。收入水平越高，要调动员工积极性就越困难。如果员工的工资水平越高，企业为他提供的预期收入也就应该越高。

三是确定的收入和不确定的风险收入不是等价的，承担风险越大的人需要得到的补偿越多。

理解了这些，企业管理者在用人时要注意，把害怕风险的人放在固定薪水的位置上，而把愿意承担风险的人放在收入波动较大的位置上，可以使企业的平均工资水平下降。创业阶段企业面临的风险特别大，因此创业型企业在招聘人才时需要支付的风险成本相对较高。但随着企业逐步进入成熟期，创业者们的收入越来越稳定，这时他们的平均工资虽然在上升，但增长速度降低了。同样在企业内部，当上马新项目、开拓新市场、销售新产品时，企业要支付给相关人员的预期收入应该相对较高，而在非常成熟、客户稳定的市场中，相关人员就可以接受相对较低的收入。

在李河君看来，企业管理者在对员工进行激励时，还应坚持3个原则：

1. 激励必须适度。太少的激励不能收拢人心，也不能激发成员的工作动力；太多的激励会让成员丧失竞争和危机意识，不思进取，无论是哪一种，都不利于企业的长远发展。而对不同对象的激励力度也要有所区别。比如某个企业如果实行职工全员持股的方案，其结果必然是人人有股，但起不到预想中的作用。

2. 赏罚分明。根据成员的能力与业绩的对应情况来进行奖惩，如果有的成员在某一阶段的能力确实略差一些，也要交付一些在他的能力范围内能够出色完成并有一定挑战性的任务，按照完成的情况进行赏罚，不能因为其能力相对较差就不承担任何工作任务。对于那些能力很强、工作很有成效的员工更要加倍奖励，以便对所有员工都进行激励。

3. 制定激励制度必须考虑成本，将激励增量控制在一定的范围之内。这样做，对于促进企业效益的增长有好处，同时避免了资源的浪费。

第九章

做对事不如找对人，管好人——管理智慧

明确职责，别让下属的猴子跳到领导背上

26岁成立自己的公司时，李河君手下的员工多是自己的同学。有记者问他："你们年纪相仿而且在学校里就已经互相认识，这是不是让员工管理和企业运营都更容易一些？"

李河君回答说："员工管理需要很强的愿景和实现愿景的信心。从某种程度上说，成立公司和同学一起共事的确让这一切都容易一些，因为我们彼此熟悉，有一定的相互理解和信任。但我必须对每个人都提出更高更严格的要求，并从自身做起。"李河君认为，正因为他和员工是同学关系，所以他们之间更应该明晰彼此的职责，相互监督，在互励中进步，而不是在表面和谐的氛围下互相扯皮，彼此拖累。

后来，当汉能越做越大，发展到在全球有1万名员工，在中国多个省份以及欧洲、非洲等地区设有分支机构后，李河君依然坚持这种领导与员工职责分明的管理思路。李河君认为，员工应该被尊重，但不该被纵容。李河君为汉能员工提供了丰厚的薪资待遇以及良好的晋升空间，但前提是你必须百分之百履行自己的岗位职责。

汉能司训里有一条是"上下同心者，胜"，在这条司训的解释中，李河君明确提出了上下级同心协力的细则："一，上下级对团队的战略目标、行动路径的理解首先要一致，即使一时不能完全认同，一旦制定，也要坚决执行；二，作为上级要以身作

则，积极感召和影响员工，并注重员工个人发展辅导，作为下级要注意学习和理解，领会上级意图，高效配合与执行；三，通过制定清晰的战略目标，逐步细化分解，并建立相应的制度体系以及充分调动员工积极性来达到目标。"我们从中可以看出，李河君在管理上一直坚持以身作则，但同时也对下属的职责、执行力等严格要求。在他的字典里，"上下同心"并不只有不离不弃的意思，还意味着彼此激励和监督。

由于这种分工明确、职责清晰、规划翔实的管理制度，汉能员工觉得特别踏实——知道自己要做什么，知道自己做了之后能得到什么。最重要的是，汉能管理层还会反复向他们讲解这么做的意义。汉能为培养将汉能事业做成百年基业的管理人才，创建了特有的"汉林院"，而李河君不仅担任院长、人力资源中心总监以及教务长等"名誉职位"，还特意追加了一个"导师"的身份，为的就是亲自向汉能员工、各级管理者讲解汉能的理想，讲解他们各自在这个理想中应当肩负的责任。

李河君之所以反复强调要明确上下级职责，是因为汉能越做越大，他手下的员工也越来越多，倘若没有清晰的职责划分，很容易出现各部门，甚至是上下级之间的扯皮和懈怠，导致汉能尾大不掉，艰难前行。李河君的担心不无道理，威廉·安肯三世和唐纳德·沃斯就曾在《哈佛商业评论》上撰文以"在背上的猴子"来表述职场中的一种常见现象：主管与下属碰面前，这只"猴子"伏在下属的背上，但两人相谈后，下属成功地让背上的猴子跳到了主管的背上。猴子会一直伏在主管的背上，直至主管将它交回所属的拥有者。当主管接受这只猴子时，他承担了两件原为下属应有的职责：第一，他被下属分派了工作；第二，他被该下属监督，需向下属报告事情进度。因此，他便无言地认同了比他的下属还低的职位，而那些用以处理这只猴子的时间被称为"部属占用的时间"。

这种现象的结果就是：上下级责任不明确，管理者和下属都在以自我为中心，没有以公司结果为导向。于是，上下级间相互推卸责任，相互扯皮，带来了从上至下的借口。上司怀抱着这么多"猴子"，因为员工没有处理的主动权，上司的工作变得琐碎，而员工却又浑浑噩噩的。上司统揽一切，员工就只需把指头指向老板，"不知道，问我们领导"，"不会，我去找领导"。

同时，上司怀抱着太多"猴子"，工作量加大。当上司意识不到这是自身角色错位造成的时候，其心态就会失衡，而下属却并不理解。因此，李河君认为，要想让企业从上至下提升行动力和决策力，就要明确各级员工的责任。概括来说，管理者的主要职责是正确领会高层的指示精神，创造性地结合本部门的工作实际，有效指挥和监督下属开展工作，保证完成上级下达的各项计划和指令。普通执行者的职责就是在上级的领导和安排下，具体执行任务过程和细节，保证任务按时按质按量完成。

在此基础上，管理者首先要懂得授权。一个管理者或许只能用30%或者更少的精力投入一件事，而授权给员工则意味着100%的精力投入。员工100%的精力，与你30%以下的精力相比，谁能做得更好，可想而知。授权并不是说什么都不管，而是让管理者从事务性、常规性的工作中解脱出来，有更多的时间与精力关注、开拓新的领域，构思企业未来的发展战略。

充分授权的同时，管理者还应该了解下属的工作进展情况，对被授权者的工作不断进行检查，掌握工作进展信息，或要求被授权者及时反馈工作进展情况，对偏离目标的行为及时进行引导和纠正。其次，管理者要尽量把行动的主动权还给下属，并使下属始终保持这种主动权。作为一个管理者，要注意一点：在发掘下属的主动性之前，必须保证下属具有主动性。一旦管理者把这种主动性还回去了，自己就可以有更多的自由支配时间了。

第十章

不能改变手中的牌，
就改变出牌方式
——逆袭智慧

撬不开对手的防盗窗？那就试着敲开它

时代瞬息万变，问题纷繁复杂，但应对变化、解决问题的方法常常殊途同归，甚至早就被古人详细记述。李河君不仅推崇《素书》里的开疆治国智慧，也很欣赏《菜根谭》里的为人处世之道。《菜根谭》中有言："攻人之恶勿太严，要思其堪受；教人之善勿太高，当使人可从。"意思是：在生活中，我们若是一下子向他人提出过高的要求，对方一般很难接受，如果换个方式，逐次分步提出要求，不断缩小与实际目标的差距，对方就比较容易接受。李河君对这段话有深刻的体会，因为他就在这方面吃过很大的亏！

我们前面提到，李河君进军能源行业是很有预见性的，他料到随着社会与科技的进步和发展，政府肯定会逐步降低民营企业进入能源行业的门槛，所以他将所有身家都投入其中。但不得不说，李河君也犯了"贪多"的毛病，他在投资金沙江水利之初，一口气和云南省政府签订了6座百万千瓦级的水电站，总装机容量接近1座三峡水电站！且不说汉能是否真有实力完成这么大规模的工程，单是他对政府的接受底线就没有清晰的预期。所以，这个计划上交到发改委被否决也就不足为奇了。李河君对发改委的心理底线没有准确的预估，没有做到"思其堪受"，所以一下子陷入被动，之前投资的近亿元调研费也有打水漂的危险。一怒

第十章
不能改变手中的牌，就改变出牌方式——逆袭智慧

之下，李河君拿着与云南省政府签订的合同将发改委告上法庭，这种破釜沉舟的气度虽令人敬佩，但对问题的解决究竟有多少实际帮助呢？这似乎是精神领袖型企业家的常见问题。

冷静下来后，李河君开始反思自己：想一口吃成个胖子，结果多是噎着自己，徒呛几口水而已。公司与政府合作项目也好，人与人之间交往也罢，尤其是在我们需要对方帮忙时，这样的道理尤其适用：一下子向对方提出很过分的要求，就像半夜去撬别人家的防盗窗一样，别人自然无限警觉。发改委不相信民营企业的实力，自然不会把那么大的项目轻易交到汉能手上，李河君虽然对汉能颇有信心，但发改委并未见识过汉能的真实能力。所以，与其用一口气签下6座水电站来证明自己的实力，不如一步步来，先从一两座做起。只有化整为零、步步为营，才能慢慢敲开对方心中的"防盗窗"。最终，发改委和李河君各退一步，汉能拥有6座水电站中资源最好的一座：金安桥水电站。这也是李河君与汉能真正发家的起点。

其实，一个人也好，一家公司也罢，一旦先接受了他人一个微不足道的要求，他原来完整的"防卫窗"就被敲开了一扇，接下来别人就很容易紧跟着提出更多的要求，打开更多的"窗户"，直到最终叩开他的"心门"。李河君成功签下金安桥水电站并历经艰辛将其建成后，汉能在政府眼中一下子变得可靠起来，接下来李河君再大手笔进入光伏领域时受到的来自官方的质疑或阻碍就少得多了。

针对这种有趣的现象，美国社会心理学家弗里德曼与弗雷瑟曾做过一个实验：

他们派了两个大学生去访问加州郊区的家庭主妇。首先，其

中一个大学生登门拜访了一组家庭主妇，请求她们帮一个小忙：在一份呼吁安全驾驶的请愿书上签名。这是一个社会公益事件，而且非常容易，所以绝大部分家庭主妇都很合作地在请愿书上签了名，只有少数人以"我很忙"为借口拒绝了这个要求。

接着，在两周之后，另一个大学生再次挨家挨户地访问那些家庭主妇。不过，这次他除了拜访第一个大学生拜访过的家庭主妇之外，还拜访了另外一组第一个大学生没有拜访过的家庭主妇。与上一次的任务不同，这个大学生拜访时还背着一个呼吁安全驾驶的大招牌，请求家庭主妇们在两周内把它竖立在她们各自院子的草坪上。

实验结果是：第二组家庭主妇中，只有17%的人接受了该项要求，而第一组家庭主妇中，则有55%的人接受了这项要求，远远超过第二组。

通过这个实验可以发现，答应了第一个请求的家庭主妇表现出了乐于合作的特点。当她们面对第二个更大的请求时，为了保持自己在他人眼中乐于助人的形象，就会同意在自家院子里竖一块粗笨难看的招牌。

可见，一个人一旦接受了他人的一个小要求，如果他人在此基础上再提出一个更高一点的要求，那么，这个人就倾向于接受这个要求。这样逐步提高要求，相比一下子提出过分的要求，能更有效地达到我们预期的目的。

其实，这种现象并不鲜见，它不仅发生在商战、心理学实验里，我们日常生活中就有很多应用。例如，男孩在追求自己心仪的女孩时，并不是"一步到位"地提出要与对方共度一生，而是通过看电影、吃饭、一起游玩等小要求来逐步达到目的。我们小

第十章
不能改变手中的牌，就改变出牌方式——逆袭智慧

时候向家长提要求，比如"可不可以吃颗糖果"等，当妈妈答应的时候，我们往往会提出进一步的要求："那可不可以喝一小杯果汁呢？"妈妈通常也就会答应。这一切，都是先敲开一扇警惕的窗户，再顺势打开其他窗户的心理学技巧。

不过，反过来说，我们自己也很有可能在心理惯性的支配下答应不少原本不能接受的请求。所以，了解并熟练掌握这种"步步为营"的心理攻防术不仅是李河君这样的大企业家的基本素质要求，也是身在利益丛林中的普通人的必修课。

重温童年苦难，那是你一生的助益

李河君对创业的热衷除了广东文化的熏陶，更多的是受到幼年家庭环境的影响。李河君的童年在河源市仙塘镇观塘村度过，那里四周山岭环绕，条件艰苦。自20世纪五六十年代李家搬到此处，李河君在这度过了大部分的童年时光，直到李河君发家后，其父母及两兄弟才搬到河源市区居住。

李河君幼时家里条件不好，所以孝顺的他一直希望凭借自己的能力"混出个模样"来，让家人跟着享福。这种朴实的想法使得他自幼年起就比一般孩子早熟。他幼时的玩伴形容他"聪明""孝顺""沉稳"，虽然也和他们一起玩耍，但成绩总比他们好。

童年生活不仅会深深影响一个企业家的性格，更在一定程度上决定了他的成败。虽然李河君的童年生活略显枯燥，但我们不

难看出，正是那段艰苦而漫长的磨炼，锻炼出了他在中年创业时显露出的那股狠劲和执着。当同行纷纷惊呼其为"疯子"时，却也免不了暗暗嫉妒他迅速增长的个人财富。但他们哪里知道，这个来自河源农村的"乡下小子"之所以总是以他们看不懂的方式频繁取得成功，凭借的正是其在艰苦的童年时代孕育的冷静与执拗。

李河君在绝境中坚忍不认输，在逆境中乐观不后退，这是那些出身豪门，很少受挫的年轻企业家很难做到的。这份冷静与执着也成了李河君一生的"护身符"，无论是早期在中关村从负债创业到积累8000万元资产，还是汉能在发展中的几次转危为安，都是得益于此。

对一个创业者来说，遇到机遇并不难，难的是即使冒着巨大的风险，也绝不放走机遇。因为机遇带来的回报是未知的，而账面上的欠款和工人工资的缺口却是已知的。权衡取舍之中，需要的绝不仅仅是审慎的计算，自幼培养的性格和精神在很多时候更能决定最后的结果。

这一点从很多成功企业家身上都能得到很好的印证。美孚的约翰·洛克菲勒、星巴克的霍华德·舒尔茨、沃尔玛的山姆·沃尔顿……这些赫赫有名的商界巨头皆出身寒微，却从各自的童年经历中收获独特个性，并以此获得成功。

以沃尔玛的山姆·沃尔顿为例：如果企业降低成本，追逐利润无可厚非的话，那加大公司投入，为顾客提供更便宜的商品的行为就显得有点另类了。世界零售巨头沃尔玛秉承的正是这样一条另类的经营思路。沃尔玛在信息系统方面的投入是全世界闻名的，号称仅次于美国国防部的信息系统。每年沃尔玛在培训上投

第十章 不能改变手中的牌，就改变出牌方式——逆袭智慧

入的成本也在世界上排名前列。沃尔玛所做的这一切都是为了降低系统成本，从而为顾客提供最便宜的商品。在山姆·沃尔顿看来，为顾客节约每一个铜板，实在非常朴素，却又意味无穷，他认为这就是商业的根本。

沃尔玛的成功正是得益于山姆·沃尔顿的这种另类经营思路，而这一切，和李河君一样，都是源自其幼年的种种经历。山姆·沃尔顿的童年生活和李河君相比还要艰辛一些，年纪很小的山姆·沃尔顿每天很早就起来挤牛奶，母亲则对牛奶进行加工并装瓶，放学后他再去送奶。七八岁的时候，他就开始送报刊了。

艰辛的岁月为山姆·沃尔顿后来的成功积攒了珍贵的精神财富：正是由于他早已对每一美元的价值都怀有强烈的、根深蒂固的珍重态度，才成就了他日后辉煌的事业。山姆·沃尔顿对金钱的态度也成了沃尔玛的重要基因：天天低价。

山姆·沃尔顿对为顾客节省每一个铜板的经营原则有着浓厚的情感。回首过往，他很庆幸自己起步时历经艰难："要是有充足的资金，或者要是成为一家大公司的子公司，我们也许甚至不会打算在小城镇开设商店，这样我们就会失去在这些小城镇的商业机会。现在，我们得到的第一个巨大收益是，在美国的小城镇里存在着许许多多的商业机会，它比任何人包括我本人所想象的要多得多。"

长久以来，沃尔玛依然维系着那个信念：沃尔玛所有商品都要低价，不能有另外的商店的商品比沃尔玛更低价。当顾客想到沃尔玛商店，他们首先想到的是低廉的价格和满意的服务。他们可以肯定，在其他商场不会有更便宜的商品。沃尔玛全心全

意地致力于达到这一要求。沃尔玛的成功，说到底就是用真诚换信赖，不断满足顾客更多的需要。这也是商业的实质和最基本的动力。

而在企业的运营上，沃尔玛也坚持"节俭"。为了减少成本，沃尔玛直接从工厂进货，减少了中间流通环节。通常的零售业都是由分店向工厂订货，再由工厂向各个分店发货。沃尔玛则实行"统一订货，统一分配"的方式。各分店将订货详单汇总到总部，然后由总部统一订货。由于是大批量订货，沃尔玛可以享受到比其他零售商更便宜的价格。

1983年，沃尔玛与美国休斯公司合作，花费2400万美元发射了一颗商业卫星，后来又追加7亿美元的巨资建立了计算机及卫星交互式通讯系统。通过这套先进的系统，沃尔玛的总部、分销中心和各个零售商之间就可以非常方便地进行对话和新产品演示。正是这种高效率的分销手段和先进的内部管理系统，使沃尔玛的成本大大降低，加速了资金周转，减少了库存费用，从而保证了沃尔玛能以低廉的价格出售自己的商品。这也是沃尔玛成功的关键所在。

正因为沃尔玛的"节俭"，它在短短几十年的时间内迅速扩大发展起来。截至2009年，沃尔玛在美国拥有连锁店1702家，超市952家，"山姆俱乐部"仓储超市479家，在海外还有1088家连锁店。2000年，沃尔玛全球销售总额达到1913亿美元，超过了美国通用汽车公司，仅次于埃克森-美孚石油，位居全球500强企业第二。

李河君与山姆·沃尔顿都是童年苦难生活的受益者，所以他们对此心存感激。李河君每年都要回观塘村几次，看看老家，

第十章 不能改变手中的牌，就改变出牌方式——逆袭智慧

见见老人，还出资50万元人民币重建幼时就读的观塘小学，这一切，都是为了提醒自己：无论顺境逆境，都要秉承幼时最纯粹的心境，莫忘初心。

修炼的意义：能吃苦的人心里有个永动机

李河君在谈到自己的成功经验时，经常强调磨难的价值。他说："就是要经历磨难！只有经历磨难才能成长，担负更大的责任。"他甚至鼓励大家主动去经历磨难，进行自我修炼："我相信，修炼会伴随所有企业家一生。创业多年，我体会比较深刻的一点是，与其早成功，不如晚成功，与其晚失败，不如早点失败。因为，人总归要失败的，晚成功是个比喻，别太急躁，晚成功是种境界。我还有一个体会，我今天讲的都是干货，一个人20多岁取得成功、30多岁取得成功很难维持20年，（很快）就会走下坡路；40多岁取得成功的人，我觉得可以领先30年；50岁成功的人可以一辈子辉煌。"

在李河君看来，历练就是成长。大历练大成长，小历练小成长，凡是要大成长就要大历练。什么叫大历练？李河君解释说："我给大家讲一个体会，我觉得8年以上的磨难叫大历练，这个8年很奇妙，很有意思，大家注意历史上很多成功历史，很多王侯将相都有大历练，还有我们的'8年抗战'，也干了八九年。"

李河君的"8年抗战"自然指的是后来让汉能得以腾飞的金安桥水电站。经过这"8年抗战"，李河君不仅加深了自己对历

练的认识，还看出这对企业用人的启迪："我们不需要夸夸其谈的人，京东团队没有几个很会说的。我们要的是能吃苦，能持续吃苦的人。能吃苦的人，心里有个永动机。"

是的，只有能吃苦的人，才能从苦难中慢慢得到历练而成长，这种人才能为企业创造最多的价值。京东的刘强东也是这种人才思路的坚定执行者。京东的成功越来越受瞩目，而加入京东，成为京东大家庭中的一员，也成了很多年轻人、求职者的梦想。这样一个风生水起的企业，当别人问起刘强东的用人标准时，他很简单地回答："要能吃苦，而且，要能长期地吃苦。"刘强东强调，现在的生活越来越富裕了，而很多人缺乏的，就是一种持续的激情与长期吃苦的精神。在用人标准上，他最强调的就是吃苦精神。对于来自富裕家庭的应聘者，京东很少予以考虑，而那些出生于贫困家庭、中等家庭，本身比较能吃苦的孩子却十分受欢迎。京东团队要的就是一种吃苦精神，能够吃苦耐劳、贡献自己的汗水和能力，那就是一个好员工，就是这个集体中优秀的一员。

确实，随着生活水平的提高，整个社会的吃苦精神都在下降，而缺乏吃苦精神就意味着，你不能在一个岗位长期坚守，不能在遇到困难时勇敢坚持下去，不能在面临考验时刚正不阿。缺乏吃苦的精神，一个企业，一个团队，小到一个家庭，都是无法长盛不衰的。吃苦是一种与生俱来并且应该一直保持下去的精神。这一点，刘强东就做得很好。刚上大学时，当别人从学业繁重的高中生活中脱离出来，开始享受大学的轻松时光时，刘强东并没有让自己就此沉沦。他很快就找到了兼职工作。第一份工作是抄信封，一个信封只有3分钱的收入，但是他一个月就能够从中挣到2000多元。计算一下，你就会发现，对于一个初入大学的学生来说，学习之余还做出这么多的成绩，需要多么大的劳动强度。但是，他并没有叫苦，这样的工作一做便是将近一年。而他的吃苦耐劳也成功地帮助他脱离了家庭的帮助，他用自己挣来的钱供自己上大学，供自己吃穿用度。一年后，这样的劳动强度和收入在他看来已是小菜一碟，于是，他又开始倒腾图书，将批发来的精装书抱着，到写字楼里上门推销，不管书有多么沉重，爬楼梯多么累，他都乐在其中，当然，回报自然也是相当可观的。再后来，不怕吃苦的他又积极地学习了编程，开始接编程的工作来赚钱。那个时候，他已经是学校里凭着自己的本事成为富翁的小名人，月收入从2000元逐步增加到三四万元，很快便拥有了在那时看来相当高级的大哥大和手提电脑。

当别人看到刘强东的风光时，当别人站在一边羡慕和猜测时，他在低头苦干，吃下一个又一个辛劳的果实，用汗水换来一次又一次的提高与收获。后来在中关村创业，他骑着破旧的自行车穿梭于街巷，忙得昏天黑地。再到后来壮大企业，刘强东始终没有停下来过，他不允许自己放松，不允许自己只顾享乐而丢弃吃苦的精神。直到今天，京东跻身电商前列，一个又一个的成功与光环涌来，吃苦却依然是他以及他所带领的团队当中不可或缺的精神。

很多时候，正是因为缺乏吃苦的精神，我们现在所拥有的财富、成功都会离我们而去。一个人傻一点不怕，起步晚一点也不怕，没有后台没有资本都不怕，最重要的是一定要有一股子劲儿，要不怕吃苦，并且能够长期吃苦。当你决定涉足某一个领域或者开始某一种新的生活、新的工作时，先要告诉自己：一定要能够吃苦。就像李河君说的，能吃苦的人，心里有个永动机，正是这个永动机，让我们更有韧性，为我们的身体和精神源源不断地提供能量和勇气。而有了这些源源不断的能量与勇气，我们才能够一直前进，不断去克服一个又一个的困难与挑战，去跨越那些出现在前进路上的阻挠与泥淖，最终收获动力与成功。有这个永动机，我们就会有持续不断向前奋进的力量和精神支柱；有这个永动机，你离成功就会越来越近；有这个永动机，你就会在取得成功时依然继续向前而不是沾沾自喜止步不前。人说，不怕傻就怕懒。只有能吃苦、肯吃苦，可以长久地、持续地吃苦，你的韧性才会越来越强，才能够不断地进步，不断地收获，不断地达到一个又一个成功的高峰，不断地超越自己，不断地收获新的辉煌，拥有新的天空！

怀抱"每天都有可能死去"的心，让危机变转机

危机意识不仅是企业家自己的必备素质，还是企业家管理、鞭策员工的必备手段。李河君经常向汉能的员工强调：汉能的确做强做大了，我们可以自豪，却不能沾沾自喜。在任何荣耀与失败面前，都要平静得像一湖水。这也是李河君所认为的，汉能人对于汉能现今所取得的成就应有的态度的概括。汉能已经取得为世人所瞩目的成就，为此汉能人可以感到骄傲和自豪，但满足于现有的成绩、沾沾自喜，不能把眼光放在更远的地方，企业的发展势必会停步甚至后退。

第十章 不能改变手中的牌，就改变出牌方式——逆袭智慧

诚如李河君担心的那样，沾沾自喜而止步不前是很多中小企业都会出现的问题。中小企业取得了一定成就后，很容易得到舆论和媒体的关注，人们知晓中小企业获取成功的不易，于是不吝褒奖之词。在一片夸赞声中，很多中小企业就此安于现状，失去了艰苦奋斗、拼搏进取的信念。汉能如今正是舆论关注的焦点，能否在赞扬中保持汉能的艰苦奋斗精神，不自我满足，是汉能继续发展下去的关键。

此外，李河君还指出：中小企业多是什么赚钱就做什么，东方不亮西方亮，这行不赚钱马上改行，依靠船小好掉头、机动灵活而获取利润。但随着企业越做越大，抱着这种投机心态，必然要面临企业发展的瓶颈。没有长期的战略规划，企业必然无法做大做强。而着眼长远，就要做出痛苦的选择，割舍一些眼前的利益，放弃一些机会，这对于靠机会起家的中小企业来说无疑是很痛苦的，但没有宏图大志、长远规划，小企业将永远在小企业阵营中徘徊。汉能已经成长为国际性的大企业，不能为眼前的小成就所满足，而是应该有更加长远的目标，这也是任正非所要传达给华为员工的思想。

任正非曾说："繁荣的背后都充满着危机。这个危机不是繁荣本身的必然特性，而是处在繁荣包围中的人的意识。艰苦奋斗必然带来繁荣，繁荣以后不再艰苦奋斗，必然丢失繁荣。由于10年卧薪尝胆、艰苦奋斗的努力，我们取得了显著的成就，面对国内外越来越多的善意的宣传，我们是否会沾沾自喜，在我们队伍中是否会滋生一些不良的浅薄的习气？华为人的自豪是否会挂在脸上？凭什么自豪？华为人能否持续自豪？我们越发展，竞争对手实力越强，竞争就越困难，我们要有长期在思想上艰苦奋斗的

准备。"

盛大的陈天桥也曾说:"在2001年之前,盛大每天都可能死去;在2002年,盛大每个月都可能死去;在2003年,盛大每个季度都可能死去。"在盛大的发展过程中,陈天桥说自己每一年里都承担了别人10年的风险。遭遇过与合作伙伴对簿公堂,遭遇过投资方突然撤资,遭遇过黑客的大规模袭击,也遭遇过竞争对手"举报"所谓的偷漏税……政策、业务、技术风险,盛大始终觉得自己"危机重重"。

"人无远虑,必有近忧。"陈天桥始终是直面现实又憧憬梦想的清醒者,忧患意识是他的一支清醒剂。盛大每天在追求机遇的过程中也面临着新的危机,同时又在不断解决危机中抓住新的机遇。这就是"盛大"茁壮成长的生命力量。

李河君常说:"所谓高人,往往是比常人多看到三两步,多做了三两手准备而已。"所以,在企业如日中天时,李河君却时时想着应对危机的策略:"这些年来我天天思考的都是失败,对成功视而不见,也没有什么自豪感、荣誉感,而是危机感。"这位数十年商海奋战的成功人士如是说,其用心之良苦,用意之深远,发人深省。也正是这种深远的忧患意识,像一只无形的手,指挥着汉能从成功走向成功。

用自己的优势征服市场是每一家企业的信念,然而商场如战场,企业就像是战场中的某一个战壕,不努力,不守护,便有可能成为别人的战利品。即使目前企业的管理、质量、产能在同行业中傲然领先,然而当某天优势不再成为优势,当其他厂商的降价影响企业的销售额,影响企业的利润额,当硝烟离企业越来越近,也许这就是企业即将面临的灾难。正如李河君所说,没有不

第十章 不能改变手中的牌，就改变出牌方式——逆袭智慧

倒的英雄，也没有永远的失败者。

汉能人清醒地认识到危机的存在，也在采取措施积极地防范。这种危机感和未雨绸缪，是基于汉能人敏锐的感觉和强烈的生存意识。危机感让李河君总是把目光投向更远的地方，也总是能够领先别人一步。危机感还可以有效引导员工，强化凝聚力，有效提高企业竞争力。那么作为企业管理者，该如何打造企业的危机意识，如何把危机意识灌输给员工，以共同应对危机局面呢？

在李河君看来，危机管理的具体方法有3点：

其一，必须将目前企业面临的风险告诉企业员工，目的在于使员工有大难临头的危机感。

其二，必须有不战必亡的表示，消除员工的侥幸心理。

其三，激发员工的情绪，使大家无所畏惧，齐心协力，爆发出潜在的超常能量。

美国技术公司在打造、灌输危机意识方面可谓独树一帜。总裁威廉·韦斯认为，如果一位企业管理者不能向他的员工灌输危机意识，表明危机确实存在，那么他很快就会失去信誉，因而就会失去效率和效益。为让那些认为身居大公司就可以高枕无忧的人紧张起来，他在公司上层推行"末日管理"计划，起用了两名大胆推行改革的高级管理人员为副董事长，免去了4名倾向于循序渐进、在其位不谋其政的高级管理者的职务，以警示高层人员：如果你在位置上感觉很舒服，很快就会有人接替你的位置，分享你的"午餐"了。对于一线员工，威廉·韦斯广泛宣传"由于某些小单位忽视产品质量，导致失去用户"的危机，并一再提示员工，如果不把产品质量、生产成本以及用户时刻放在突

出位置，公司的末日就会来临，企业是在激烈竞争中生存的，不进则退，退则一败涂地，从而使危机意识贯穿整个公司，推动公司发展。

有时候改良已经不够了，必须颠覆！

2009年，汉能已经是中国最大的民营清洁能源发电公司，旗下控股、参股了大大小小14座水电站，权益装机容量相当于2.3个葛洲坝电厂，本可以在水电领域活得很滋润的李河君却对自己之前并不熟悉的光伏产生了兴趣，而且这一折腾，就折腾到了今天。虽然外界对汉能的光伏发展一直毁誉参半，但李河君一直为自己的选择感到"庆幸"。因为在他看来，汉能差一点就没赶上新能源未来的末班车。当时的汉能若是坚持只做水电，而不是选择颠覆自己，那么今天也许汉能还只是一家默默无闻的中型企业，甚至已经被别人颠覆了。

是的，即便眼前做得风生水起，危机也可能随时降临到企业的头上，而且具有无法估量的破坏性。这是任何危机都有的基本特点，认识不到这点，心中没有长存危机意识，一旦这种危机到来，企业势必会措手不及，疲于招架，甚至狼狈不堪。李河君认为，想要游刃有余地面对危机、战胜危机，最为重要的就是要跑得比危机更快，在危机到来前自我颠覆，自我升级。

当一个创业型的企业所处的行业突然出现了重大变化时，企业往往要对自己的经营战略做出适当的调整。实际上，新的战略

第十章 不能改变手中的牌，就改变出牌方式——逆袭智慧

定位常常是因为行业的变化而出现的，而那些没有任何历史束缚的新进入者往往更容易占据新的战略定位，这就要求企业在选定新的战略定位后迅速找准新的切入点，并做出一定程度的取舍，同时建立一套新的互补性活动系统，进而获得可持续发展的优势动力。正是出于这个原因，李河君放弃了其他投资方向，率领汉能进行第二次战略升级，投资数百亿元进入太阳能光伏产业。

李河君在当选为中国非公有制经济十大先进典型时曾骄傲地说道："我们精心布局，自主研发，掌握了太阳能薄膜电池、柔性电池的核心技术，并形成了从高端装备制造、电池板生产到太阳能电站建设的全产业链运作模式。目前，我们已经在全国建设了8个太阳能电池研发制造基地，其中广东河源和四川双流两个基地已经建成投产。预计到2012年年底，8个基地将全面投产，每年产能将达300万千瓦，相当于为国家每年新增发电量约45亿度，能够满足一个超过1000万人口的城市一年的居民生活用电，而且是无污染的太阳能！"李河君为汉能的颠覆性升级感到自豪，他知道汉能不仅达到了一个新的理想高度，还以更贴近时代的选择、更大的体量、更全面的布局形成了对危机的有效屏蔽。

通常来说，企业危机的破坏性分为两种形式，其一是渐进性破坏，其二是急剧性破坏。前者的典型案例是福特汽车公司，其衰落期长达30年；后者的典型案例是20世纪80年代美国碳化物联合公司在印度博帕尔工厂的泄毒事故，造成2000人死亡，十多万人受伤，为该公司招致了上亿美元的诉讼。但在企业经营的现实中，危机多是突然爆发的，在其爆发前没有任何显性征兆，或虽有预示，但因企业组织或管理原因未能引起注意，故而显得突然。

这种危机模式在日新月异的互联网领域表现得最为明显。为此，腾讯的马化腾多次在公开场合强调，移动互联网时代的游戏规则与PC互联网时代完全不同，那些笃信缓慢创新与平稳改良的传统互联网企业迟早要遭受突如其来的灭顶之灾。他甚至直言：腾讯要是没有微信，可能早就面临一场巨大的灾难了！

马化腾说，他的判断绝不是危言耸听。腾讯的危机感源自诺基亚、黑莓等曾经达到千亿美元市值的巨头的沦落史。当诺基亚还在按部就班地研究如何更合理地规划手机键盘时，iPhone的出现彻底终结了传统手机的时代。当游戏规则发生天翻地覆的改变时，你曾经积累的游戏经验有可能反而会成为一种巨大的阻碍。所以，现代企业从观念到机制，仅仅热衷于改良是绝对不够的。有时候，必须颠覆！而且最好让颠覆先从自己内部发生，否则，当外部的颠覆到来时，你只能束手就擒。为此，腾讯并不要求内部其他产品团队为自己的王牌产品让路，而是鼓励他们研发出可以颠覆既有王牌产品的产品，相互竞争，赢者胜出——微信就是这种制度的产物之一。

李河君与马化腾是防患于未然的典范。但我们不禁要问：如果没有足够的危机意识，或者缺乏彻底变革自己的决心，等到危机已经发生时，又该如何应对呢？是否就只能原地等死？

对此，李河君同意《兵经百言》上的观点："目前为机，转瞬非机；乘之为机，失之无机。"如何转危为安，扭转乾坤，化被动为主动，本来就是创业者管理企业的必备素质。危机，可以是陷阱，也可以是推动企业发展的助推器，好的处理方式将更有助于巩固品牌形象，扩大市场销售。失之东隅，也可能收之桑榆。

李河君认为，"危"是危险、危难，"机"是机遇、时机。

所以危机是企业发展过程中的一把"双刃剑"。要让这把"双刃剑"扬长避短，最大限度地使它向有利于自己的方向转化，则必须坚持3个原则：

第一，当危机发生时，将公众的利益置于首位。要想获得长远利益，公司在控制危机时就应更多地关注消费者的利益而不仅仅是公司的短期利益。

第二，当危机发生时，局部利益要服从组织全局的利益，危机可能由局部产生，但危机的影响则是全局性的，因此在危机处理中要有全局观念，要懂得从全局的角度考虑问题，局部利益要服从组织全局的利益。

第三，当危机发生时，组织应立即成为第一消息来源，掌握对外发布信息的主动权。如果作为第二或第三消息来源，则会陷入被动。

以下几种应对危机的策略，创业者可以借鉴：

1. 建立危机预警机制。如何应对企业危机，是企业战略的重要组成部分。企业家在经营好生产研发、推广营销、资产管理、队伍建设等重要工作的同时，应重视危机管理问题，最大限度地减少消极影响。

可以运用科学的技术和方法，建立危机监测、预报、控制的机制，对企业生产经营过程中的内外部变数进行分析，设立警情指标，及时掌握企业危机的第一时间资讯，分析和推测危机的类型及其危害程度，提出应对措施，赢得危机处理的时间和主动权。

2. 建立危机指挥体系。一般在危机出现后，企业公关部门应首先配合董事会成立危机公关小组，制定出危机公关处理的应对策略。小组人员主要由公司最高层亲自负责,董事会秘书或者公司的公关部经理作为企业的对外新闻发言人,进行相关的信息沟通。

3. 调查事实,建立由专家参与,集中公关、安全、总务、财务、法律等各方面优秀人才组成的专门危机管理小组,有效整合各类资源。当危机事件发生后,迅速深入现场,调查摸清有关事实情况,了解相关人员的思想意识、心理状态,掌握指挥控制、组织保障等基本情况,寻找最佳方案。

4. 认真化解矛盾。分析对策措施,设计解决方案,应对公众和媒体,组织具体行动,让公众在最短时间内感受企业的态度和行动,由此取得社会谅解,使危机顺利化解。

第十一章

人生是一段没有安全绳的平衡木
——制衡智慧

信誉是最强的气场——信与利的平衡

李河君在26岁时成立了自己的公司,公司其他16名员工多是他的大学同学。李河君说他也不知道那些同学为什么愿意跟着他干,他猜想或许是因为努力还钱的经历打动了他们,或许仅仅是出于同学间的信任。不过,他们为什么不去信任其他更有家世背景的同学,却一心跟着这个河源来的穷小子李河君呢?结合李河君的创业经历来看,除了一往无前的霸气,最重要的就是:信誉。

一个家境贫寒、身无分文,甚至因投资不利导致负债5万元的本科毕业生,居然没有在重压下选择逃跑,而是哪里跌倒就从哪里爬起,愣是慢慢地在中关村倒腾出了自己的一片天,不仅还清了欠款,还为自己开公司积累了不少资本。与其说这是个人能力的彰显,不如说这是诚实信誉的体现。

李河君在经商过程中最讲究的就是信誉,他曾骄傲地说:"在中国民营企业界,汉能是一个非常有信誉的企业,公司这么多年来,没有欠过银行一分钱,为了保全信誉,公司员工曾经自掏腰包凑钱还银行贷款。为人处世也是一样,要有'信',这是立足于社会的根本。"

几年前,全国工商联有一个会议,在吃饭过程中,有个书记跟李河君说,希望汉能去他那里投资,李河君说:"我一定去看一下，考察一下。"大家以为这是客套话，但是李河君真的派了一个团队去考察，因为要兑现他的承诺，虽然当时他并没有想在那儿投资。但是，去了以后，李河君感觉非常好，觉得有机会。一个星期以后，那个书记到汉能来考察，说了一句话："如果汉能真的把300万千瓦水电站干成的话，什么都不说了，我们就进行合作。"他们所商讨的那个项目现在已经投产。全球单产量薄膜最多，这就是汉能的信誉：第一他们自己有自信，第二别人信他们。

李河君的领导力、影响力多是以这种信誉和自信表现出来的。

我们常问：在主观层面上，那些卓越的领导者对人才的"独有召唤"是什么？他们凭什么赢得众人的追随？在《哈佛商业评论》发表的很多关于领导力的文章中，虽然观点千差万别，但有一条是统一的，那就是"诚实"。约翰·巴尔多尼在《领导者诚信是金》一文中指出，"诚信对于一位领导者来说至高无上。有了它，他才能够领导人们到达'承诺之地'；没有它，他就会在期望失落的荒漠上徘徊不前。诚信一旦失去，也许就无法重新获得"。

《诚信领导》一书的作者比尔·乔治说："我们需要拥有高诚信的人来担任我们的领导，为我们建立一个经久不衰的组织；我们需要一位目标明确、忠于价值观的领导；我们需要一位能满足所有利益相关者需求的领导；我们需要一位乐于服务社会大众的领导。"从这几方面来说，李河君的确是天生的极具主观影响力的"诚信领导"。

李河君对信誉的重视并非孤例，曾有记者问李嘉诚做生意最大的收获是什么,他也极力强调诚信的价值:"那就是诚信,就是不妨把自己看得笨拙一些,而不是投机取巧。""一个人一旦失信于人一次,别人下次再也不愿意和他交往或发生贸易往来了。别人宁愿去找信用可靠的人,也不愿意再找他,因为他的不守信用可能会生出许多麻烦来。"李嘉诚在商界以诚信闻名,他说:"一生之中,最重要的是守信。我现在就算再有多10倍的资金也不足以应付那么多的生意,而且很多是别人主动找我的,这些都是为人守信的结果。""信誉、诚实,是我的第二生命,有时候比自己的第一生命还重要。"

20世纪50年代,李嘉诚甫做塑胶花时,常去皇后大道中一间公爵行接洽生意。"我经常看见一个四五十岁很斯文的外省妇人,虽是乞丐,但她从不伸手要钱。我每次都会拿钱给她。有一次,天很冷,我看见人们都快步走过,并不理会她,便和她交谈,问她会不会卖报纸。她说她有同乡干这行。于是,我便让她带同乡一起来见我,想帮她做这份小生意,时间约在两天后的同一地点。客户偏偏在前一天提出要到我的工厂参观,客户至上,我也没办法。于是在交谈时,我突然说了声'Excuse me'(对不起),便匆匆跑开。客人以为我上洗手间,其实我跑出工厂,飞车跑到约定地点。途中,超速和危险驾驶的事都做了,但好在没有失约。见到那妇人和卖报纸的同乡,问了一些问题后,我就把钱交给了她。她问我姓名,我没有说,只要她答应我勤奋工作,不要再让我看见她在香港任何一处伸手向人要钱。事毕,我又飞车回到工厂,客户正着急:'为什么在洗手间找不到你?'我笑一笑,这件事就这么过去了。"对一个陌生人尚能如此守信,对客户能信守承诺也就不言而喻了。正是凭借这种诚信,李嘉诚渡过了事业上的多次危机。

李河君与李嘉诚都是把握了"商场灵魂"的人,李河君反复强调:"商场的灵魂,就是一个字,信。我觉得信是软实力,信分3个层面,第一就是你要有自信,人若不自信,谁能信你?这个非常重要。这几年我们最大的收获就是自信,我们觉得很多东西都能克服。第二,就是我们平常所讲的信誉,汉能作为民营企业,不管多困难,我们都坚持下去。第三,要别人信你,这个挺难做到,现在不管是哪个地方政府,当他们得知汉能把那个水电站干成并且发电的时候都另眼相看。"

站在十字路口的领导者——气与度的平衡

在李河君看来,一个企业的领导者要"永远修炼",其中十分重要的就是情商、脾气方面的持续修炼。他曾在一个论坛上说道:"在修炼的时候要深化企业家精神,企业家修炼多高,你的企业就能多大,这个大家深有体会。首先,我觉得要修炼自己的情商,学会控制自己的情绪。同时,能够通过某种方式,用坦诚来带动和控制别人的情绪。……我觉得在座各位,包括我本人,有能力的人大部分脾气不好,急性子,所以要驾驭自己的脾气。一般来讲脾气分3种,第一,有脾气没能力;第二,有脾气也有能力,像我们这样的;第三,没脾气,但有能力,这是很高的境界。我现在没做到,我想在座各位也不那么容易。"

的确,领导者的情商对一个企业来说已经越来越重要了。领导者对于企业的影响，已经不再是管理范畴内的了，还有企业形象上。

我们知道，领导者的战略构想可能对公司的业绩产生极大的影响，但除此以外，领导者的人格是不是也非常重要呢？人格或个性，按美国著名人格心理学家奥尔波特的界定，是指"决定人的独特行为和思想的个人内部的身心系统的动力组织"。也就是说，人格是一个人与其他人区别开来的精神素质或独特的心理特征，由动机、需要、信仰、价值观和能力、气质、性格等要素构成。其中能力是直接影响人的活动效率，使活动顺利完成的个性心理特征，是人格的构成要素，是人格的支撑，可以彰显个性。领导者如果没有超越一般人的能力，是不可能具备让人敬佩的人格的。

值得信赖的领导知道领导的责任并且恪守自己的核心价值，会为了赢得员工的信赖而努力奋斗，而就私人品格而言，值得信赖的领导往往是最正直的人，致力于打造一个经久不衰的公司。他们将自己视为公司财产的管家和所有股东的奴仆，而不会被权力欲怂恿得自我膨胀。在管理项目的过程中，他们是在用心领导，而不仅仅是用大脑。他们会认真考虑每一个员工向他们提出的问题，他们相信这些努力有利于员工形成对企业的认知和信任，而且他们都是严格自律的人，所以他们的努力不会是一时兴起，而是一贯为之的，如此才能一如既往地得到最佳的结果。

领导力大师沃伦·本尼斯认为："罗马统治者的沉思远胜于他们的领导。"最强大的领导力往往在于内心。斯坦福大学工商管理研究生院咨询委员会的研究也认为，领导者最应培养的能力是自我认知。不被他人接受,通常是领导者在培养自我认知时面临的最大障碍。他们都需要维护自尊,消除不确定性和恐惧感。诚信的领导者意识到,他们必须愿意倾听别人的反馈,尤其是那种他们不愿听到的反馈。"人进入领导力的本真状态是最强大的。而领导力的本真状态,就是受内心的指引——你到底想要什么,你保持一种开放的思维,能够接受各种新观点。"密歇根大学的罗伯特教授说道。

对于领导者来说,品德意味着行动。评判领导者,要看他们做了什么,而不是看他们是谁。面对危机时则必须坚定成为可以支撑团队的磐石。成功到来的时候,要把功劳归于他人。品德对领导者来说有多重要?是重中之重!品德是领导力的根基,是凝聚整个组织的黏合剂。领导者不可能一次又一次失信于人却还保持对他人的影响力。

除此之外,李河君建议我们还要想办法消除自己的缺点,让你的周围充满技能和性格与你互补的人。比如,如果你属于高瞻远瞩类型,那就找实干家来执行你的想法。同样,如果你是急性子,容易发脾气,身边一定要有冷静、镇定类型的人。

最重要的是,要想成为领导,首先要自省:我为什么要领导?如果缺乏领导的目的和方向,那么别人为什么要追随你?很多人想成为领导,却没有认真思考过自己的目的何在。为了找到自己的目的,首先要了解自己。但是很多领导者,尤其是事业刚刚起步的领导者,都在为立足商界而殚精竭虑,根本无暇顾及对自身的探索。他们以外界认可的方式来评估成功,如金钱、名誉、权力、地位等。诚然,对这些东西的追求确实可以使他们在短期内获得职业成功,但这种成功无法延续。随着年龄的增加,他们会发现自己的生活中似乎缺少了什么，导致他们无法成为自己理想中的那种人。

真正的领导力往往源于一个人的内在。随着时间的推移，像李河君这样的具有人格魅力，还懂得不断自我修炼的领导者会吸引越来越多的追随者。

要有理想，但不要理想化——理想与现实的平衡

理想与现实是人类永恒的话题，认清两者之间的关系对企业来说尤为重要。李河君认为寻找与环境的相容性是企业家实现理想和目标的基础。企业家若空有理想，而没有对现实和环境的认识，那么企业很可能还没成形便已夭折。一个过于理想化的企业家，往往会令企业的成长道路布满荆棘。

这番话从李河君嘴里说出，相信会让许多人感到惊讶，因为在他们的印象中，李河君就是一个彻底的理想主义者，他的很多创业想法和规划在外人看来是如此的"不切实际"。其实，李河君是少数几个对自己身处的行业环境与时代氛围有着极清醒认知的企业家。当别人都在因表面的行业寒冬而畏畏缩缩，错过扩展机遇时，他的大手笔投入当然就显得有些怪异了，但最后的事实总是证明，李河君是对的！

当然，李河君对现实的认知，对机遇的敏感并非天生，他很懂得从前人的失败中吸取教训。他在开会时常提到这样一个故事：1987年，留学日本的何鲁敏谢绝了日本方面的高薪挽留，带

第十一章 人生是一段没有安全绳的平衡木——制衡智慧

着9箱技术资料回到国内。何鲁敏是一个纯粹的技术人员，当时的"海龟"非常稀少，他完全可以进入国家科技部门从事技术研发工作，但是他选择了创业，"因为我念这么多年的书，一个月只挣62块钱，还不如门口卖茶叶蛋的老太太"。这个创业理由相当稚气，也预示了这个知识分子的创业道路将会有意料之中的曲折。

那时候，中国人均GDP才290美元，何鲁敏却把创业的目光瞄准了空气加湿器。何鲁敏带着一腔热血，头也不回地跳进了这个非常冷门的领域。很快，对做生意过于理想化的何鲁敏遭到了来自市场的当头棒喝。创业之初，何鲁敏相信科学技术是第一生产力，一个企业中没有比技术更有用、更值钱的东西了。后来他发现不完全是这样的，技术先进，并不是一个企业成功的先决条件。面临实际困难后，何鲁敏才意识到市场经济是复杂而冷酷无情的。

知识分子创业往往太理想化，何鲁敏的创业一路挫折不断，好在抗挫折力极强的何鲁敏一路坚持，终于大难不死，取得了成功。

李河君总结说，每个企业家都需要经历一些弯路才能慢慢长大成熟。但是如果何鲁敏在创业之初将理想主义和现实主义结合得紧密一些，也许所受的挫折不会那么多，所以说，"凡事需要有理想，但不要理想化"。大多数创业族都是理想主义者，这一点非常珍贵，可惜理想族主义者往往想法浪漫，觉得一切问题只要按我们的理想率性而为就会得到完美的解决，而现实会毫不留情地让他碰得头破血流。李河君最大的优点就是，心怀理想主义的热情，不抛弃，不放弃，在理想的世界中接受现实的洗礼，最终得到了凤凰涅槃的升华。

对于我们大部分人来说，之所以空有理想，却不能将其变为现实，很重要的一点就是因为常常将事情理想化，简单化。而这种过于理想化的心理根源则是浮躁与功利。

李河君说，30多年的经济改革和开放，我们吸纳了太多西方的东西，功利主义等思潮的侵袭让人们渐渐失去了沉静、安宁的心态，开始迷失了自己。功利主义太重，就会急功近利，急功近利就会浮躁。受浮躁文化影响的人凡事只看表面，不喜欢深入探究；只想尽快达到目的，而不惜长远利益。正因为急躁，所以浅尝辄止，没有来得及了解事物的全部就下结论；也正因为轻浮，满足于看到表面，以为什么都懂了，自我感觉良好，于是做起事情来也是求快，求短期的利益，并且忽略其带来的负面影响。这就是很多年轻企业家创业失败的根本原因。他们缺的不是理想，而是实现理想的耐心。

功利和浮躁表现在具体工作中就是：浅尝辄止，却有诸多借口来说明任务的难以完成；无法交出满意的答卷，却有借口说与己无关；要求高工资，却不看重工作责任；要求高回报，却不注重对工作的付出；当出现问题的时候，他们总能找到理由将自己置身事外；在利益面前，他们常常放弃作为员工应该坚守的原则……这样的人是不可能成为企业栋梁，更不可能成为李河君这样的成功企业家的。

事业发展是一个过程，绝非一蹴而就的事情，需要人们拒绝借口，付出很多琐碎的努力。在这个过程中，必须依靠日积月累的办法，让这些琐碎的努力像涓涓细流聚为势不可当的汹涌波涛，成就你的事业。告别浮躁和功利主义，沉下心来没有借口地工作，才是企业的需要，才是个人发展的需要。因此，任何人都应当在事业生涯面前力戒浮躁、功利主义。

不妨将传统文化中的有利因素发扬光大，将浮躁赶出我们的身心之外：用"士不可以不弘毅，任重而道远"帮助自己树立崇高理想；用"穷而弥坚"让自己锤炼坚强意志；将"学不可以已"与现代"终身学习"的理念结合起来帮助自己不断提升。将传统人文精神中包含的责任感、使命感纳入到自身的基本价值取向中，使之内化为一种自觉的意识和行为，从而在具体工作中指导我们摆脱浮躁心态，忠诚于自己的公司和工作，沉下心来找方法，用踏实做事来打造自己的事业。

告别浮躁，在工作中就要摆正做事的心态。无论多么宏大的工程，都可分解成细小的具体小事，而要想做成大事情，必须把分解后的每一件小事情做到位。任何事情都需要从最基本的开始做起，沉下心来，不开始，就没有进步，不能做小事，就不可能做成大事。

我们也需要持之以恒。希望做好很多事情，或者尽快获得成功没有错，但必须从把一件事做好、把一项技能精通开始。什么事情都做个皮毛，最后就是什么也不精。

不要让"浮躁"束缚了你的手脚，工作中的每一件事，不论大小都值得没有借口、踏踏实实地去做到位。如此才能找到成功的支点，用恒久的努力换取卓越与伟大。

思考的问题决定身处的层级——欲望与思想的平衡

现在很多人热衷于探讨"富人思维"与"穷人思维"的异同，希望从中挖掘出一些脱贫致富的窍门。有趣的是，大部分人并未发觉：这本身就是一种典型的"穷人思维"，即只把着眼点放在"钱"上。他们怀着找出发财秘籍的心理去探讨两种思维的异同，自然"一叶障目，不见泰山"，反而忽略了很多真正影响一个人是贫是富的重要因素。这些人最大的问题就在于：过分看重欲望，却轻视实现欲望的思想。殊不知，这二者若不能达到平衡统一，那他们的人生也会因此失衡。

不止一位成功企业家说过："我并不在乎企业赚不赚钱，也不在乎自己有没有钱。"李河君就坚决否认汉能做清洁能源的目的只是赚钱："汉能的团队为理想而战，盯着银子的人肯定挣不了大钱，把钱当作副产品才能挣大钱，是顺便把钱挣了。"马云也曾坦言："赚钱只是一种结果，它永远不会成为一个目的。而我们的目的是创办一家真正由中国人创办的、全世界感到骄傲的、伟大的公司。这就是我的理想，也是我们这一代人的理想！"许多人会觉得这只是他们在装腔作势罢了，但细究起来，这也许真是"富人思维"的基础：钱不是目的，而是完成目的后的奖品。先弄清这一点，比较"富人思维"和"穷人思维"才有意义。

既然钱不是目的，也不是我们最该关注的重点，那么在创业或择业时，我们的目光究竟应该投向哪里呢？换个通俗点的问题：既然富人满脑子想的不是钱，那他们到底在想些什么？这对李河君来说根本不是问题，因为他的脑子里早已塞满了各种更有意义的问题。来看看他在《让中国领先一把》里列出的3类问题吧：

一，在全球层面，我们应该思考的问题：

前两次工业革命带来的最根本的变革是什么？

如何看待第三次工业革命的大趋势？

第三次工业革命的核心是不是新能源革命？为什么？

新能源革命的核心是不是"光伏革命"？

为什么说光伏革命为中国领先世界提供了机遇？

美国、欧盟和日韩在这场光伏革命中都在做些什么？

二，在国家层面，我们应该思考的问题：

中国发展光伏产业的优势是什么？

在光伏革命中，中国应该如何自我定位？

如何用战略、规划和政策推动光伏革命？

光伏革命会给中国带来什么改变？

三，在产业层面，我们应该思考的问题：

薄膜战略是光伏产业的未来吗？为什么？

"产能过剩"能够准确概括我国光伏产业的问题吗？

如何把扩大光电的"内需"提上日程？

如何全面看待和分析光电的"平价上网"？

如何建设分布式供电系统？

也许普通读者会觉得这些充斥着专业名词的宏大问题与自己毫无关系，这是国家领导人或中科院院士才应该思考的问题。但李河君真的是"闲着无聊"或是"越俎代庖"吗？当然不！他认为："这些问题层次不同、角度不同，却相互交织成一棵'问题树'。"他十分重视这棵问题树的价值。他将世界、国家和行业的大趋势比作树干，而企业的命运、产业的发展、国家的战略等就是树干上纵横交错的枝丫，彼此有着千丝万缕的内在联系。他强调："一旦我们对某个问题认识不清，就会影响到大局。"他不放过每一个值得深究的问题，因为他要为自己的梦想，为汉能的每一位员工负责。

可能这样的回答还是不能让你满意，因为你并不是一家企业的负责人，你似乎并没有思考全局，建立问题树的必要。事实真的如此吗？不妨反问一下自己：你是否购买过《××的成功秘籍》之类的书籍，或者点开过《教你××天赚到100万》之类的文章？又是否关注过"富人思维"与"穷人思维"这类问题？当你跟着网友一起开玩笑调侃道："看到马云赶超李嘉诚成为中国首富的消息，心里咯噔一下，赶紧查了一下自己的排名，基本没受影响，排名还保持在13亿左右，就放心了。"再结合自己当下的生活工作状态，你当真是开心大过心酸吗？

其实，每个人都很清楚，自己的人生早就出了问题——不是对现状不满，就是对未来彷徨。不过身边大部分人都这样，所以自己的危机意识也就渐渐被催眠了。只是，你愿意做最早醒来的那批人吗？去清醒地探究一下自己不满与彷徨的根源，结果你会发现：我们不满与彷徨的根源是钱，又不是钱。说"是"很好理解：因为对现状不满多是因为工资太低，租不起好房，买不起好车，对未来彷徨同样是因为不知道工资的上升空间，不敢买房，不敢投资；说"不是"，则是因为工资只是表象，真正的问题正是李河君所说的因为"对某个问题认识不清",所以最终影响到了"人生的大局"。当我们为每月微薄的工资叹息时,不会有心情去思考自己在公司的位置和价值,当我们为自己在公司的晋升前景感到忧虑时,不会有余力去思考公司所处的行业的趋势格局。

每一次提出"钱"的问题,你都失去了一次提出更好的问题的机会。

而那些更好的问题所组成的问题树,才是捋清你人生线索,稳固你人生全局的关键所在!李河君将自己的那棵问题树命名为"汉能的光伏革命",它指引李河君穿过2012年主流对光伏产业的悲观看法,为自己和汉能找到最适合自己的新方向。这棵问题树上没有"我今天能赚多少钱"之类的腐叶,所以它生机盎然,所以它才能带领李河君看到他所期望的"我们将生活在一个个装有太阳能电池板的屋顶下,享受清洁能源带给我们的蓝天白云和清新空气,享受前所未有的美好生活"的那一天。

只会赚钱的企业称不上伟大——赢利与责任的平衡

当汉能在清洁能源领域做得风生水起,并隐隐有独占鳌头的趋势时,李河君却"顾左右而言他",开始更多地在公开场合谈企业的社会责任问题。就连汉能最新的广告也是:"汉能大了,雾霾就少了。"李河君强调:作为一家全球领先的清洁能源公司,减少雾霾是汉能的天职和责任。汉能一直坚持将企业的环境责任、社会责任和经济责任有机统一起来，积极参与社会公益事业，用实际行动践行企业的社会责任。

李河君葫芦里究竟卖的什么药呢？我们不妨从头来看：所谓企业的社会责任，是指在市场经济体制下，企业除了为股东追求利润外，也应该考虑相关利益人，即影响和受影响于企业行为的各方利益。在20世纪20年代，随着资本的不断扩张，出现了一系列社会矛盾，诸如贫富分化、社会穷困，特别是劳工待遇和劳资冲突等问题日益被重视，于是"企业的社会责任"被提出。

很多企业家在刚开始创业的时候，就把为众人服务作为企业的目标。譬如比尔·盖茨，他在创业之初就已经把"让千万人都用得上电脑软件"作为目标；譬如山姆·沃尔顿，他发誓要建立一种既便利又廉价的商业形态，沃尔玛帮他实现了这一理想；再如马云，他刚开始创业的使命就是"让天下没有难做的生意"。当然，光有使命是不行的，必须产生财富，这样，自身创造的价值才能得到人们的认可。

华人首富李嘉诚也十分看重企业家的社会责任感。2007年，李嘉诚荣获"中华慈善奖终身荣誉奖"。李嘉诚说："内心的富贵才是财富。如果让我讲一句，'富贵'两个字，它们不是连在一起的，这句话可能得罪了人，但是，其实有不少人，'富'而不'贵'。真正的'富贵'，是作为社会的一分子，能用你的金钱，让这个社会更好、更进步，让更多的人受到关注。"

汶川地震第二天李嘉诚就以李嘉诚基金会的名义，向四川地震灾区捐助3000万元人民币赈灾，第二轮捐助更达1.2亿元，而这只是李嘉诚慈善事业的冰山一角。2006年8月，李嘉诚宣布把其私人持有的约28.35亿股长江生命科技股份悉数捐给李嘉诚

第十一章 人生是一段没有安全绳的平衡木——制衡智慧

基金会，这些股权总值约24亿港元。李嘉诚承诺，未来还将有巨资投入，他说："直到有一天，基金一定不会少于我财产的1/3。"据测算，基金会未来收到的捐款将超过80亿美元。

当今的中国社会正面临千年难遇的大转型期，商业浪潮席卷全国，无数人处于迷茫状态：我们追求什么？我们的商业公司追求什么？李嘉诚向人们奉献了他的思考。2004年6月，李嘉诚对汕头长江商学院即将毕业的学子们说："当你们梦想伟大成功的时候，你有没有刻苦的准备？当你们有野心做领袖的时候，你有没有服务于人的谦恭？我们常常都想有所获得，但我们有没有付出的情操？我们都希望别人听自己说话，我们有没有耐性聆听别人？每一个人都希望自己快乐，我们对失落、悲伤的人有没有怜悯？每一个人都希望站在人前，但我们是否知道什么时候甘为人后？你们都知道自己追求什么，你们知道自己需要什么吗？我们常常只希望改变别人，我们知道什么时候改变自己吗？每一个人都懂得批判别人，但不是每一个人都知道怎样自我反省。大家都看重面子，但你懂得荣誉吗？大家都希望拥有财富，但你知道财富的意义吗？各位同学，相信你们都有各种激情，但你知不知道什么是爱？过去的60多年，沧海桑田，但我始终坚持最重要的核心价值：公平、正直、真诚、同情心，凭仗努力和蒙上天的眷顾，循正途争取到一定的成就。"

李河君从这类人身上看到，一个伟大的公司当然也需要赚钱，但是光会赚钱的公司不是伟大的企业。汉能最重要的原则之一，就是永远不把赚钱作为唯一目标。他觉得伟大的公司首先能为社会创造真正的财富和价值，可以持续不断地改变这个社会。这就是一个企业拥有社会责任感的表现。

李河君指出，在当下社会，企业社会责任已成为检验企业核心竞争力强弱的标志，拥有社会责任感是企业生存和持续发展的必要条件。一个优秀的企业公民，或称企业社会责任的先行者，应该以社会责任（CSR）战略为自己的社会责任原点。如何制定CSR战略，才能对企业本身、对社会、对环境都有重要意义，往往是一个企业决策者最为关心的问题。

企业社会责任战略是一项任重道远的长期战略，不仅需要企业长期地坚持下去，更需要全部重视企业社会责任问题的企业不断深入探索和实践。现在，越来越多的企业意识到社会责任战略作为CSR管理龙头的重要管理意义，一部分治理先进、管理现代的上市公司已经初步建立或正在尝试建立符合本企业发展需求的CSR战略。

在管理实际操作层面上，通常将企业社会责任战略规划分为两个层次，一个层次是长期规划，一般时限为3～5年，用以明确长期战略方向和总体投入等关键因素；另一个层次是当年战略实施规划，一般时限为1年，即当年年初制订，用来指导本年度战略实施。企业责任风险识别结果、企业核心竞争力、企业所在行业的关键成功因素、企业整体商业战略等因素都将成为制定CSR战略的必要步骤和依据。

第一，有关责任风险的识别依据。社会责任风险相比一般的商业风险对企业的破坏力更强，甚至关乎企业的生死存亡。大部分责任风险来自企业自身责任现状与市场环境综合作用的结果。企业社会责任风险识别是制定企业社会责任战略的基础，是满足战略属性的重要信息依据。

第二，企业社会责任战略规划在企业管理中必不可少。在企业的总体战略中，企业社会责任战略要同企业的整理战略融会贯通。如果责任超前会给企业造成资源浪费，而责任滞后则会磨损企业的竞争力。

第三，行业的属性决定企业社会责任战略规划的制订。通过对于行业属性、行业现状的研究得出行业关键成功因素，再将此与其余因素进行有效匹配，可以得出行业因素对企业责任战略规划的影响。

第四，企业社会责任战略规划的制订影响企业核心竞争力。提起企业竞争力，企业管理者最先想到的是人才、技术、供应链等，这些均对企业社会责任战略规划的制订有重大的影响，主要体现在战略实施的过程中各利益相关者的权重比例。

公益不是输血救人，而是造血强身
——真善与虚名的平衡

在2014年5月6日发布的《新财富》500富人榜上，李河君以870亿元资产登上榜首。然而，就在富人榜发布的前一天，李河君却在做着一件与"赚钱"背道而驰的事：2014年5月5日，由汉能控股集团、中国下一代教育基金会中华英才培养专项基金发起的教育扶贫项目"寒门英才培养计划—汉能助梦行动"，在丽江市第一高级中学举行了第二届学员选拔暨启动会。该项目计划每年从5个国家级贫困县招收100名即将升入初二的品学兼优、家庭贫困的农村学生参加夏令营活动，从中选拔20名优秀学生，参加连续6年的培养活动。

  这只是李河君从事的诸多公益项目中的一个。在被问及"为什么汉能多以寒门英才计划这样的方式培养寒门学子，而不是直接向学校、学生捐赠"时，李河君解释说："我一直以来就有个教育梦，汉能有个'汉林院'，这是我们内部培养领导人才的地方。同样，我们也希望寒门英才培养计划能成为'小汉林院'，为国家储备人才。所以，比起盖楼、捐赠等，我们感到对他们（寒门学子）有更多的责任。这个项目为他们提供的不仅是学习上的提升、生活上的资助，更多的是心理、道德修养、社会见识等全方位的培养，帮助他们形成正确的人生观、世界观，点燃他们改变命运的梦想，这是单纯的金钱或物资的捐赠所无法替代的。"

  正是基于这种更负责、更用心的慈善观，李河君选择在活动当天亲临现场，将自己的人生经历娓娓道来。李河君出身寒门，他的故事对在场的学生们来说，是一堂珍贵而生动的励志课。也许有人会质疑，李河君只是舍不得捐钱罢了。其实，李河君早在汉能集团还叫华睿集团时就已经积极投身慈善了：在云南投资水电项目时，为保障当地孩子不因移民而辍学，他在当地投资500万元建设了光彩学校；由民营企业家自发成立的，意在帮助和挽救中国艾滋病患者的"中华红丝带基金会"成立时，华睿集团带头认购了其1亿元基金；向中央音乐学院教育基金会捐赠1000万元，设立"中央音乐学院英才艺术实践基金"……李河君做慈善时在金钱上从未吝啬过，只不过现在看来，企业家的社会责任不是象征性地向比较著名的慈善机构捐捐款，拿拿奖，而是真正用心地去做调研，订计划，并进行长期稳定的投入。

第十一章
人生是一段没有安全绳的平衡木——制衡智慧

李河君说："大家捐钱的前提是相信你有合理、可信的机制和方式来管理和使用善款。公益的概念已经在企业建立起来，现在中国的企业都在做公益，而且比着拼着做，这个氛围很好，但是我们更看重效果。前两天，我看一个报道说，汶川地震的有些救灾物资放了7年，已经发霉腐烂。我觉得捐多少都不重要，也没必要去跟人家拼，这个没有意义。汉能更倾向于开发自己所擅长并且可持续发展的公益项目。"

汉能有自己的专业团队来对公益合作伙伴进行全面评估：合作单位有没有实际可行或已经成功的项目，有没有渠道，有没有政府支持，团队是否正规，等等。例如，汉能和中国下一代教育基金会中华英才培养专项基金合作开展"寒门英才培养计划—汉能助梦行动"时，就是看中了合作方清华附中的优质教育资源。李河君认为，这种优质教育资源对于来自偏远地区、家境贫困但天资聪颖、具备上进心的学子所产生的影响，将远远大于几个学期的学费书费。正因如此，他才让汉能积极去做这个项目。

李河君对艾滋病公益事业也秉承同样的慈善准则：专业、持久。由于李河君对艾滋病防治事业的贡献，2014年8月14日，联合国副秘书长兼艾滋病规划署执行主任米歇尔·西迪贝专门访问汉能，与李河君等民营企业家共同探讨了艾滋病防治全球合作关系以及中国民营企业的角色问题。汉能作为中华红丝带基金主要发起单位之一，近些年先后发起组织过艾滋病致孤儿游览万里长城、艾滋病致孤儿童夏令营、国际艾滋病烛光纪念等活动，为防治艾滋病工作做出了持续的努力。这些公益贡献不是用简单的捐款数额所能评价的。

李河君之所以将公益的主要关注点放在教育和艾滋病防治上，是因为他认为教育和医疗一直是中国急需公益力量介入的领域。他说："我自己就出身寒门，后来考上了北方交通大学，即现在的北京交通大学，学机械工程，后来开始干水电站。我自身的经历很好地说明教育能给一个人带来的影响，所以我希望能为更多像我一样的寒门学子提供一个机会，使他们都可以追逐梦想、实现梦想，也为中国培养更多的栋梁之材。艾滋病防治则是汉能一直在做的，可以说成了我们的传统。中华红丝带基金一直跟着汉能，他们的秘书处就在汉能，我们为他们提供办公室。我们联合了全国工商联旗下很多企业一起做艾滋病防治，因为我们相信人人都享有健康权和尊严，我们希望中国企业将在艾滋病防治中发挥越来越重要的作用。"

　　做慈善当然不是李河君的专利，但真正像李河君这样将慈善做出水准，而不是只会用捐款为自己博声誉的却少之又少。从这点来说，"娃哈哈之父"宗庆后是李河君的"知音"。2010年，比尔·盖茨和巴菲特到中国举办了一场慈善晚宴，邀请了很多中国大企业家赴宴，这一举动被媒体称为"劝捐"。宗庆后因故未能出席，被人说是害怕被劝捐，宗庆后坦然回答说："我若真想捐，不用劝也会捐，不想捐则谁劝也没用。但从我内心来说，我并不欣赏动辄就捐资产的慈善行为。老外热衷捐出全部资产，大多是出于无法支付高额遗产税和企业避税的变通做法，这并不是真慈善，只有持续地为社会创造财富，解决就业，才是真正的慈善。"

　　宗庆后的慈善观和李河君类似，就是"造血式慈善"，不做

第十一章
人生是一段没有安全绳的平衡木——制衡智慧

简单的"输血"。企业家若把辛苦赚来的钱用来投资和支援建设，就能产生更多的就业机会，能为国家和民众带来更多收入。但若是全捐出去，这些资产就失去了生命力，而且真正受惠的民众也极为有限。娃哈哈先后在重庆涪陵、四川广元、湖北红安等欠发达地区建了57家分公司，解决了上万人的就业问题。这种"宗氏造血扶贫"，不仅增加了地方财政收入，改善了当地人民的生活水平，更为落后地区带去了娃哈哈先进的设备、技术和管理经验，促使贫困地区从根本上提升了自我发展的能力。

在荣获"第六届中华慈善奖"的颁奖典礼上，宗庆后强调："要推动我国慈善事业的发展，首先需要全社会，特别是先富起来的群体树立正确的财富观和慈善观。一次性救济虽然形式上很好看，也能吸引社会的关注，但效果无法持久，不能从根本上解决问题。如果我们能够下定决心、克服困难，到这些条件艰苦、基础薄弱的地方去投资，同时带去新技术、新设备、新观念，让当地的经济逐步发展起来，让更多的群众通过自己的劳动脱贫、更有尊严地获得财富，这才是作为企业家最大的慈善。"这和李河君的观点不谋而合，他在接受《公益时报》记者采访时也表示："其实做企业本身就是在做公益。为什么呢？企业是社会劳动力最大的载体，现在社会90%的就业机会都是民营企业提供的。有了工作，大家首先就能养家糊口，然后是自我价值得到体现，最后形成社会安定繁荣。"

李河君与宗庆后拓宽了慈善事业的固有概念，促使中国大企业家从更长远的角度去理解慈善。正如宗庆后所言："有钱人的钱多到一定的程度，这些钱就不是自己的，它应该是社会的，要为社会带来更高的综合收益。"宗庆后希望让更多的人因为娃哈哈的存在而生活无忧，李河君希望更多的寒门学子和患病人士因为汉能的存在而拥有一个更加光明的未来。他们认为：这，才是真正值得做的公益。

附 录

汉能大事记

1994年

汉能控股集团前身——华睿集团成立。

2000年

广东东江木京水电站正式开工建设。

2002年

4月30日，广东东江木京水电站首台机组并网发电。

9月29日，汉能与云南省签署《云南省金沙江金安桥水电站投资开发协议书》。

2003年

7月19日，汉能斥资12亿元收购青海尼那水电站。

8月8日，云南金沙江金安桥水电站筹建工程在云南省丽江市金安桥电站坝址举行。

12月28日，汉能投资建设的浙江龙泉瑞垟二级水电站正式并网发电。

2005年

10月8日，江苏如东风电CDM项目获国家发改委批准。

2006年

11月，汉能成为联合国清洁发展机制执行理事会（CDM EB）注册CDM项目企业。

附 录

2007年

11月9日，宁夏贺兰山风电场三期工程全部并网发电。

12月29日，云南五郎河二级水电站全部机组并网发电。

2008年

1月8日，华睿集团正式更名为汉能控股集团。

5月21日，江苏如东一期风电场并网发电，为全国最大的风电场。

2010年

1月12日，汉能河源薄膜太阳能电池研发制造基地正式开工。

2月24日，汉能与缅甸联邦政府签署了《关于缅甸联邦丹伦江上游河段滚弄水电站开发、运营、移交的协议备忘录》。

12月29日，汉能吴忠太阳山光伏并网一期20MW项目获得宁夏回族自治区发改委核准。

2011年

3月27日，汉能金沙江金安桥水电站历经8年建设首台机组正式并网发电，是全球由民营企业投资建设的最大水电站，也是国家"西电东送"和"云电送粤"的骨干电源之一，被全国工商联誉为民营企业进入国家大型基础设施建设领域的标志性工程。汉能由此跻身建设百万千瓦级大型水电站企业的行列。

4月18日，汉能全球研发中心在燕郊国家高新技术产业开发区正式落户。

6月15日，汉能四川双流薄膜太阳能电池制造基地正式投产。

11月19日，汉能广东河源光伏硅基薄膜太阳能电池正式投产。

2012年

2月6日，汉能控股（欧洲）有限公司与意大利光伏行业企业阿泽罗公司（AzzeroCO$_2$）和艾兰特公司（Exalto）签署了《30MW光伏电站项目开发合作框架协议》。

3月29日，汉能海南一期250MW薄膜太阳能电池制造基地项目正式投产。

4月28日，汉能山东禹城硅基薄膜太阳能研发制造基地正式投产。

5月10日，汉能武进光伏基地生产厂房光伏建筑一体化幕墙光伏电站成功实现并网发电。

6月5日，汉能与德国Q电池责任有限公司（Q-Cells）就收购索利博尔公司（Solibro）一事签订合作协议。

6月13日，宜家与汉能控股集团建立战略合作，汉能将在3年内完成宜家项目所需太阳能电池板的制作和安装。

6月30日，汉能国际光伏发电集团欧洲区域公司开发建设的意大利拉奎拉光伏电站正式并网发电。

2013年

1月9日，汉能正式完成对美国CIGS薄膜太阳能组件制造商米尔索勒公司（MiaSolé）的并购，由此获得CIGS技术，成为规模、技术上皆领先全球的薄膜太阳能企业。

3月3日至3月12日，汉能控股集团董事局主席李河君作为全国政协委员，参加全国政协十二届一次会议，并提交了关于发展清洁能源的两份提案：《加大先进薄膜太阳能技术扶持力度》和《加大金融支持力度推动薄膜太阳能产业持续健康发展》。

4月12日，广东汉能河源光伏基地厂房屋顶10MW薄膜发电项目正式并网发电，该项目经财政部、科技部、国家能源局批准，被列入国家2012年金太阳示范工程项目。

7月3日，汉能与宜家家居共同举行"汉能—宜家太阳能屋顶电站并网发电启动仪式"。截至当日，汉能已经为5家宜家商场完成屋顶太阳能薄膜光伏电池板的安装。

7月25日，汉能正式完成对美国全球太阳能公司（Global Solar Energy，简称GSE）的并购。此次并购使汉能成为全球首家实现柔性薄膜太阳能组件大规模量产的公司。

7月26日，汉能建成的50MW青海海南州薄膜太阳能地面电站正式并网发电，该电站是全球单体规模最大的薄膜太阳能地面电站。

8月28日，汉能海南州共和二、三期100MW薄膜电站开工建设，一、二、三期150MW并网薄膜电站全部建设完成后，将成为世界最大规模的薄膜太阳能并网薄膜电站集群，也将是汉能在薄膜发电产业下游发展的一个新的里程碑。

9月3日，汉能与中非发展基金在总部签署合作框架协议，通过强强联合，共同拓展非洲及葡语系国家市场。

9月9日，由汉能控股集团和气候组织联合主办的第三次工业革命与中国·北京论坛在汉能总部举行。美国著名经济学家、趋势学家、《第三次工业革命》作者杰里米·里夫金应邀出席论坛，汉能是其首次访华之旅的第一站。

9月14日，汉能与双流县人民政府签署600MW铜铟镓硒（CIGS）项目（二期项目）战略投资合作协议。双流二期项目将采用CIGS技术。

9月16日，福海汉能一期20MW并网光伏发电项目在新疆维吾尔自治区福海县举行奠基仪式。该项目是福海县首个清洁能源发电项目。

10月28日,汉能全球光伏应用集团大中华区域公司与珠海经济特区电力开发集团有限公司(简称珠海电力)在广东汉能签署光伏电站开发战略合作协议。双方将在未来3年内共同开发运营分布式光伏电站项目,建设规模达200MW。这是汉能与珠海电力项目合作的重大里程碑。

11月20日,汉能控股集团董事局主席李河君首部作品《中国领先一把——第三次工业革命在中国》在京举行新书首发新闻发布会。

12月25日,禹城40MW并网光伏发电项目正式开工建设。该项目是山东省发改委单次核准规模最大的光伏并网发电项目,也是集光伏发电、渔业养殖、禽类养殖、旅游观光为一体的综合利用示范项目。

12月31日,襄阳20MW金太阳示范工程屋顶光伏电站一期3.3MW项目(含湖北襄诚鞋业2.2MW及正英集团生资市场1.1MW)成功并网发电。

2014年

1月8日,汉能与中国民生银行股份有限公司和亚洲金融合作联盟在京签署《银企合作协议》,建立全面战略合作伙伴关系。民生银行和亚洲金融合作联盟意向性在未来3年为汉能提供总额不低于200亿元的各类融资支持,助推汉能在光伏、水电等领域的战略发展。

1月13日,中国薄膜光伏产业联盟在北京成立,全联新能源商会会长李河君当选联盟主席。该联盟由汉能牵头,东岳集团、恒基伟业、铂阳光电、东电科创、亚玛顿等100多家薄膜光伏知名企业及科研院所共同发起。

1月下旬，《国际商业时报》评选出2013年全球七大太阳能项目，汉能太阳能电池板系列产品在宜家出售与美国加州峡谷太阳能牧场等项目并列入选。

2月中旬，全球最具影响力的科技商业奖项——麻省理工学院《科技创业》（*MIT Technology Review*）"全球最具创新力企业"评选结果揭晓，汉能榜上有名，位列第23位，成为中国能源领域唯一上榜企业，同时上榜的企业有特斯拉、谷歌、三星、宝马、亚马逊等。

2月20日，汉能在河北唐山市成立河北曹妃甸汉能光伏有限公司并启动其600MW铜铟镓硒（CIGS）薄膜太阳能整线生产线项目，这是CIGS薄膜太阳能技术首次在中国落地。

2月26日，汉能光伏产业集团与山东省淄博市人民政府、淄博高新技术产业开发区管理委员会签订《汉能3GW光伏产业集群暨一期600MW铜铟镓硒（CIGS）项目投资协议》。

4月16日，汉能建成海南装机规模最大的居民家庭分布式光伏发电项目，该居民家庭分布式光伏发电项目实行"自发自用、余量上网"运行模式，采用198块汉能生产的薄膜太阳能光伏电池组件，安装于屋顶两个平台上，项目设计装机容量为12.87KWp（太阳能光伏电池的峰值总功率）。

5月19日，汉能太阳能集团全资子公司汉能全球光伏应用集团亚太有限公司与日本最大综合商社之一双日株式会社全资子公司双日机械株式会社在汉能控股集团总部签署了战略框架合作意向书，双方将在日本及世界范围内太阳能薄膜发电应用领域建立长期战略合作伙伴关系。

5月27日，2014赛季国际汽联电动方程式世锦赛（FIA Formula

E Championship）北京站在京举办新闻发布会，宣布汉能太阳能成为国际汽联电动方程式世锦赛北京赛事太阳能合作伙伴。汉能太阳能将为该项赛事度身订制全套"快装电动汽车薄膜发电充电系统"。

6月15日，国际汽联世界耐力锦标赛——勒芒24小时耐力赛赛事期间，汉能太阳能与阿斯顿·马丁赛车签署了合作伙伴协议，成为阿斯顿·马丁赛车"独家太阳能技术合作伙伴"，双方将展开合作，计划在国际汽联世界耐力锦标赛上利用汉能太阳能的柔性薄膜发电技术提升赛车性能。

7月1日，汉能控股集团首部全产业及薄膜发电系列广告片陆续亮相中央电视台和凤凰卫视。该系列广告片以"汉能大了，雾霾就少了"为主题，向公众展示汉能引领全球的薄膜发电技术及其广泛的市场应用前景，展现汉能强大的企业实力，和致力于"用清洁能源改变世界"的长期承诺。

8月13日，汉能正式成为国家体育场（鸟巢）战略合作伙伴、清洁能源技术唯一合作伙伴。在5年合作期内，汉能将利用其掌握的先进的清洁能源技术不断提升国家体育场的环保节能水平。

8月13日，汉能宣布完成并购美国阿尔塔设备公司（Alta Devices）。通过本次并购，汉能拥有了转化率最高的薄膜太阳能技术——砷化镓（GaAs）高效柔性薄膜技术。

汉能司训十八条

一、用清洁能源改变世界是我们共同的信仰

1. 以太阳能为代表的新能源是一场革命。

2. 我们信仰通过清洁能源改变能源格局，改变能源利用方式，改变人类未来能源结构。

3. 汉能人这个团队，是所有有共同信念的人走到一起，这是我们的根本。

4. 全力实施高科技能源战略，追求汉能梦在全球、国家、公司和员工层面的全面实现。

二、正气、大气、睿智、包容是我们的气质

1. 堂堂正正做事，清清白白做人，敢于说真话，办实事。

2. 做事做人要无私，有大气魄、大手笔，局部利益服从整体利益。

3. 处理事务时保持清醒的头脑，讲究方式方法，并有机结合原则性和灵活性。

4. 具备开放的心态，有宽容之心，不轻易否定他人，善纳多样性，尊重不同文化。

三、远见、务实是我们的风格

1. 善于进行前瞻性的战略思考，并有计划地进行布局和准备。

2. 进行决策和采取行动时,着眼于长远利益,不拘泥于短期的、狭隘的利益。

3. 制定目标计划时要科学、合理以及切合实际,执行过程基于实际的资源和方法做出切实的行动。

4. 细节决定成败,踏实认真做好每一件细小的事情。

四、忠心、责任心、上进心是我们的基本要求

1. 工作尽职尽责,将个人的发展与企业的发展联系起来,实现个人和企业的共同理想。

2. 从公司的整体利益出发,积极主动寻找机会,为汉能"百年基业"做贡献。

3. 设定和体现高标准业绩,实现高品质的结果,展现"我能"的积极态度,不懈努力,不断挑战自我,追求自身素质、能力、专业等各方面的进步,以不断获得提升自身价值。

五、生存的奥秘在于技术永远领先

1. 谁掌握了技术并让技术不断领先,谁就掌握了生存的权利和命脉。

2. 基于市场需求,广泛借鉴,多方思考,实现科学技术的产业化,不能闭门造车。

3. 追求科学技术的规模化,提高技术的市场竞争力。

4. 注重品质,提供可信赖的产品和技术。

六、发展的奥秘是让结果永远比想象的好一点

1. 我们往往高估了1~2年的变化,而低估了5~10年的变化。

2. 全心全意为客户服务，成就客户，就是成就自己。

3. 合作者共赢，共同成长，健康的生态系统保障基业长青。

4. 为股东创造价值，与员工共享发展成果。

七、成功的奥秘，第一靠人，第二靠人，第三还是靠人

1. 注重培养人才的团队作战和对外竞争能力，依靠团队的力量取得更大的成功。

2. 要充分发挥各类人才的智慧、经验和胆量，人才的潜能是无限的。

3. 人才是企业成功的最大奥秘，要广泛吸纳和提拔有德有才的人。

4. 人才是企业最宝贵的财富，要为人才的自我实现提供平台，并建立合理的选用育留机制。

八、品德问题就是零因子，零乘亿万等于零

1. 品德是对一个职业人士最基本的道德品质要求，也是赢得他人信任的基石。

2. 经常反省自己，摆正位置，不断提高品德修养，不做对公司、对他人不利的事。

3. 品德不好的人坚决不用，同时注重对员工品德的培育和熏陶，积极树立榜样。

九、诚信，是根

1. 诚信是人的一种最基本的品质，诚实是取信于人、处己立身、成就事业的基石。

2. 信守承诺，恪守职业操守，以负责任的态度做事情和追求自身成长。

3. 说到做到，坦诚沟通，不隐瞒事实，不传递虚假事实，直面问题本身。

十、直接面对，坦诚交流

1. 在困难、挑战和权威面前，不逃避，直接面对。

2. 有话直说，不要怕说错话，在交流过程中不要以自我为中心，多从对方角度考虑问题。

3. 具备坦诚的心态，尊重对方，注重沟通的方法，并通过实际的行动来体现坦诚之心。

4. 互相信任，主动倾听，平等沟通，并充分建立和利用多样化的沟通渠道和平台。

十一、上下同心者，胜

1. 上下级对团队的战略目标、行动路径的理解首先要一致，即使一时不能完全认同，一旦制定，也要坚决执行。

2. 作为上级要以身作则，积极感召和影响员工，并注重员工个人发展辅导；作为下级要注意学习和理解，领会上级意图，高效配合与执行。

3. 通过制定清晰的战略目标，逐步细化分解，并建立相应的制度体系以及充分调动员工积极性来达到目标。

十二、充满激情地工作，已成功了一半

1. 认同汉能使命和奋斗目标，具备积极、乐观、向上的职业

精神和工作态度，并影响和感染到他人。

2. 热爱工作，主动寻找机会，为汉能做贡献；在遇到困难和障碍时，坚定目标，积极寻求解决方案。

3. 不断学习，保持高昂的热情，推动汉能事业的蓬勃发展。

十三、成长的过程就是不断克服困难的过程

1. 把克服困难作为一种信仰，遇到困难时端正心态，积极执着。

2. 在处理困难时，能够主动发现和分析问题，找出主要矛盾和问题症结点，并有效解决。

3. 从每次困难中总结经验，加强对自我的认识，并不断突破自我，实现螺旋式的上升。

十四、永远学习

1. 建立共同学习愿景，提供多样化学习渠道，鼓励知识共享，注重对知识的管理和积累，打造学习型组织。

2. 积极利用内部和外部的学习资源，以开放的心态向专家、同行和竞争对手学习，并保持不断学习的劲头。

3. 学习是个人成长的途径，通过学习开拓思路，提升专业水平和综合素质，不断进步，并解决实践当中遇到的问题，同时在解决问题的过程中不断省悟。

十五、永远感恩

1. 我们的成长和发展，离不开各方面的帮助、指点和支持，要常怀有感恩的心态，做好工作，真诚回报。

2. 当遇到困难、挑战、压力、挫折的时候，要感谢困境、感谢敌人和感谢对手，他们带给我们成长的机会。

3. 感恩是敬天爱人的境界。

十六、执行，没有借口

1. 高效执行，不找借口，这是一种态度，也是组织纪律和组织原则的体现。

2. 制定正确的策略是有效执行的前提，要具有决断力，并通过有效沟通来确保策略得到充分的理解。

3. 在执行过程中，要关注条件和环境的变化，不断调整，确保实现目标。不盲目，不轻易放弃，不抱怨。

4. 在执行过程中，要按照客观规律、制度、流程和方法去办事，并及时反馈信息和问题。

十七、汉能，没有不可能

1. 具备突破性思维，勇于创新，勇于尝试，想到常人所不能想，做到常人所不能做。

2. 善于依靠团队的力量，充分发挥团队的优势，让不可能成为可能。

3. 坚定信念、树立信心，在困难面前不轻易止步，具有无畏、坚韧不拔和迎难而上的精神。

4. 具有足够的知识储备，加强经验和阅历的积累，全力以赴达成可能。

十八、汉能，因祖国强大而强大

1. 祖国的强大为汉能的发展提供了广阔的舞台和机遇，支撑汉能做强做大。

2. 为国家做贡献，尽社会责任，为祖国强大做贡献。

3. 提高中国在清洁能源领域的话语权和国际地位，同时促进汉能的繁荣发展。

成功之要素
——李河君北京交通大学校友会演讲

大家好！

10年前我就有个心愿，如果做演讲，首先就要从母校开始，因为母校对我来说有着特别的情感。"母"字代表了一种血缘，一种亲情。受到母校的邀请，我觉得义不容辞，感谢校长给了我这个机会。今天，我将把我这么多年的感受和大家分享交流，也希望大家多提些宝贵意见。

交大给我留下了非常美好的回忆，没有在交大学习的过程，就没有我今天的成长。学校教会了我如何面对人生，如何面对社会。首先，我的第一次从商始于交大，那时上大学二年级，我组织了30来个同学，在交大食堂卖了3天胶卷，挣了12块钱。这12块被大家一顿饭就吃掉了，让我感觉到挣钱的不易。其次，我的创业也始于交大，我的创业资金是跟一个老师借的。当时我敢去跟老师借这5万块，是我有魄力，但是更大的魄力是老师竟然敢把这5万块钱借给我。

交大的岁月，使我终生难忘。下面我将通过几个关键词，就成功的要素谈谈个人体会。

一、什么是学生

首先，作为学生，要学会生活的常识，要有独立性。

其次，学会生存的技能，仅仅大学中的专业学习是远远不够的。我们还要学会如何与人打交道，学会怎样应对这个复杂的社会，怎样在纷乱的社会中调整自己的心态。

最后，作为学生，我觉得最重要的，是去了解生命的意义。

生命的意义有3点：

1. 要做点事

要为自己、为家庭、为社会做点事。不要问社会能为我们做什么，要问我们为社会做了什么，中华民族的特点是勤劳、勇敢、智慧。我在欧洲留学的时候，经常看到那里的年轻人在咖啡厅一坐就是一天，浪费了大好的时光，对比之下，中华民族的勤劳，是无可比拟的。这一优点具体表现就在：想做点事。我们做企业，也是想为社会做点事。

2. 要有履历

人的生命永远是相对的。大家都有感受，如果你一周都在重复做一件事情，会觉得时间过得非常的快，但是如果同样的时间里你做了很多不同的事情，时间就会过得很漫长，这就是因为生命是相对的。一只乌龟，趴在海里一千年不动，那它这一千年跟一年有何区别？所以，我们要不断地历练自己。汉能有一句司训：成长的过程就是克服困难的过程。克服了小困难就是小成长，克服了大困难就是大成长。所以在面对社会的时候，要勇敢地尝试做所有的事情。

3. 无悔

《钢铁是怎样炼成的》里的保尔说过：人不能因为虚度年华而悔恨。但是你不能到了80岁的时候才去总结我是否虚度，那就晚了。我们应该时常地总结自己，看看是否虚度了，是否无所作为，这点非常重要。

二、理想

理想，我认为可以理解为理性的梦想。这个理想是理性的，是可达到的，是通过努力可以够得着的，反之则叫空想、泛想。理想体现在我们每个人的现实生活中。尼采讲过一句话："人生宁可追求虚无，也不能没有追求。"哪怕你的理想过高或者过低，也不能没有理想。比如作为农民，你的理想就是种好庄稼。没有理想，人就没有精神支柱，就会无所事事。一个国家要想强大，人民必须有信仰；一个人要强大，就必须有理想。而对于企业来说，也是如此。企业的战略定位就好比是一个人的理想，汉能的优势就在于战略定位准确，并且具有前瞻性。

同学们走向社会的第一件事情，就是找到自己的人生定位。有的人花了20年才找到，而我只用了3个月。1988年我毕业，当年毕业都是管分配的，但是我把自己的名额送给了别人，分配的工作不适合我，我要自己创业，这是我给自己的定位。

我给你们的建议是：走入社会后5年，你就应该知道自己适合干什么，并且树立自己的理想。而理想靠什么实现？一个词："眼高手低"。"眼高"，就是一定要树立远大的理想；"手低"就是要扎扎实实坚韧不拔地把事情做起来，从而实现自己的理想。

三、激情

一个人想成功，没有激情是不行的。汉能的一句司训讲：充满激情地工作，已经成功了一半。

企业的成长要有创新，创新的原动力是什么？就是激情！有激情的人才能正面地面对人生，才能够遇到任何困难都不气馁，敢于面对，敢于克服。激情就是创新的源泉，激情把不可能变成可能，这就是我们的文化！我给大家讲个案例，汉能是如何把不可能变成可能的。

6年前，我决定要拿下金沙江的水电项目。当时所有人都认为：如此庞大的一个项目，民营企业是绝不可能做到的，但是汉能作为中国民营清洁能源企业中的领头羊，不论从技术上、资金上、管理上都是强大且专业的，最重要的是，我们有着克服万难的激情和决心。经过不懈的努力，终于成功了！这标志着中国民营企业已跻身于国家垄断行业。"汉能，没有不可能"的司训也由此而来。

四、修炼

每个人生下来，都会有性格缺陷。成功的关键在于你是否在不断地修炼自己。

修炼第一点：抗压能力

做企业，最需要的能力就是顶得住压力。大家能从媒体上看到，每年都有企业家自杀。这就是抗压能力不够，这种压力是现在在座的同学所无法想象的，在学校你们有老师，在家里你们有父母，只有作为一把手的时候，才知道什么是真正的压力。曾国藩讲过一个故事：有两位挑工，在一个窄小的田埂两边相遇，谁也不肯让对方先过，怎么办呢？那就大家都挺着，每个人都是挑着100斤的担子，看谁挺得住。最后有一个坚持不住，掉下去了，那另一个挺住的就过去了。有一句话叫，天塌下来当棉被盖，就是告诉我们，人要有博大的胸怀。抗压能力是所有企业家必备的素质。

去年（2013年），我代表中国民营企业家，去日内瓦联合国总部参加"政府在促进企业社会责任方面的作用"的会议。由于场合非常正式，发言者都是念稿，效果不佳。当我发言的时候，完全是脱稿演讲，因为我认为要利用这个国际大舞台锻炼一下抗压能力。8分钟的演讲，得到了全体热烈的掌声。为什么效果这么好？因为大家觉得有互动，没那么枯燥。讲话完毕后，胡德平部长给了我热烈的拥抱，他说："你真给中国民营企业家，给中国人争光！"晚上招待我们的中国驻日内瓦大使说："到目前为止，在这里敢脱稿演讲的，第一个是周恩来总理，第二个就是你。"讲这个事例就是要告诉大家，要随时随地去锻炼自己的抗压能力。

修炼第二点：要有毅力

长期拥有坚定的意志是非常难的，但这也是可以通过修炼得来的。

当年我学习英文，就是利用下班时间在车上听英文，用了5年时间，累计1000个小时，听力水平有了质的飞跃，这就要靠毅力去坚持。坚持的过程，就是在修炼，就离成功更进一步。

坚持的同时还要抵制诱惑。前几年房地产发展快、利润高，很多企业放弃自己的主业，纷纷投资房地产，而我们汉能抵制住了诱惑，这对于中国民营企业来说是件了不起的事情，有一句话讲得好：上帝要谁死亡，必要叫他先疯狂。对民营企业来讲，疯狂的第一件事就是不去做自己的主业。可能很多人要讲，东方不亮西方亮，但我要讲，太阳就好比我们的主业，没有太阳哪儿也不亮！

记得有一年去韩国，和韩国的企业比较后，我觉得中国民营企业共同的特点是：没有一个非常明显的主业。而韩国企业的专业化非常强，比如有专门生产扣子的，或者专门制作鞋钉的，可谓术业有专攻。

修炼第三点：胸怀

作为创业者，如果没有胸怀，也会一事无成。

汉能曾经有位员工，来集团工作两三年以后就要离开。这个人非常有才，当时大家都挽留他，但他还是坚持要离开。半年之后，他又突然要求回来，当时公司许多人认为再接纳他是不妥当的，但是我认为，是人才就应该给机会，因此还是让他回到了公司。我想，这就是一种胸怀。在汉能，甚至还有五进五出的员工，足见我们汉能人的胸怀。

修炼第四点：判断力

判断一件事情，要通过几个因素：

1. 信息一定要对称，所有的事情、决策，一定正反两方，当一件事情只有一个正方或者只有一个反方的时候，这个信息肯定就不对称了，说明你对事情根本了解不够。

2. 一定要知道最坏的结果是什么，如果这个结果你可以承受，就可以做决策。

3. 对问题的判断，一定是要有程序的。

判断力的提高是一个不断增长的过程，随着你的履历、阅历增加，你的判断能力就会越强。

五、良心

什么叫良心？

1. 可以做有利于自己的事，但是不能做有害于别人的事，对这个原则的坚持，是真正良心的表现。

2. 要么不说，要么说真话。4年的大学生活，是同学们思想体系形成的重要阶段。你们从现在就要形成诚实守信的做人准则，培养良心。

3. 企业家需要什么良心？

企业家的良心，就是把企业做好，给国家缴税，提供更多的就业机会，为社会做贡献，这就是我们企业最大的良心。

说到良心，还要讲一点，就是"信"。

人在社会上，最重要的立足点就是"信"字，比如自信、信念、信誉……

在中国民营企业界，汉能是一个非常有信誉的企业，公司这么多年来，没有欠过银行一分钱，为了保全信誉，公司员工曾经自掏腰包凑钱还银行贷款。为人处世也是一样，要有"信"，这是立足于社会的根本。

中国改革开放已经30年了，积累了大量的社会财富，同时也将面临更多的变革。巨大的机遇和挑战等待着在座的每一位同学。而现在的市场经济体制也为创业者提供了良好条件。

最后送大家一句话：我们往往会高估了1~2年的变化，也往往低估了5~10年的变化。我相信10年以后，在座的各位与我们的母校，将会前途无量。10年以后，所有事情，都会超过大家的想象！

企业家要自信并讲信誉
——李河君"第十三届学习型中国—世纪成功论坛"演讲

各位朋友，各位企业家，各位嘉宾，女士们，先生们，大家下午好！今天非常高兴有机会与大家在这里交流，受朋友之托跟大家讲企业家精神。其实在座各位都是企业家，讲企业家是很难讲的事情，比较务虚，很难讲得好。我相信在座的企业家，每个人的经历和感受都不一样。那么，在讲之前，讲企业家精神之前，我先给大家讲一个故事，希望大家能听懂。

去年（2011年）9月份，我陪王岐山副总理去参加中英经济对话，这个对话中国有5位企业家，民营企业就我和江苏一个民营企业家。英国对方也有5位企业家，他们是谁呢？渣打银行CEO，汇丰银行CEO，当时奥运村的总裁，还有两个很大的企业，双方各自5个企业家。通知我们要提前半个小时去，在此之前，王岐山副总理有一个媒体招待会，怕他们结束得早，就通知我们提前去，我们提前了半小时去。后来，由于记者招待会比想象的结束得要晚得多，我们等了一个小时。我给大家讲的这个故事，就是发生在这一个小时里面的故事。

当时，我们10个企业家在英国，在他们家里，站在一块儿拿着酒杯在那儿聊天，用英国人的语言跟他们聊天。我正好碰到渣打银行跟汇丰银行CEO，当我自报家门我是汉能公司的时候，他们都没听说过。所以，你能想象到当时他们那种蔑视的眼神，对中国企业家不屑一顾的眼神。他们看不上你，前面20分钟，他们基本上在嘲笑我，打压中国民营企业家。但是，20分钟以后，立马反过来被我打压了，最后他们都没有自信了。回来以后，我有深刻的体会。今天讲这个故事，不是要说汉能规模多么大，也不是要说我李河君多么厉害，那是因为他们是CEO，是一个职业经理人，根本不具备企业家精神，他是从CFO上来成为CEO，他们是和平年代的将军。

在座的各位企业家，包括我本人，是战争年代的将军，我们永远在风浪中前进。所以，跟他们对话的时候，他不具备那种气场，走一步、二步、三步他会走，从一步走到四步他不会走了。所以，我讲了一句话，中国，特别在座各位，太多优秀企业家，虽然企业比他们小，但是中国人最宝贵的一点，特别这个环境下，能够历练出真正的企业家精神。

我今天谈几个关于企业家精神的观点，跟大家共享，不见得对。我觉得企业家精神第一条是为信念而战，为理想工作。如果盯着那个钱，我觉得最后结果是挣不到大钱，钱是副产品，顺便挣来的，一个人最困难的时候是什么时候？就是坚持自己，坚持理想，这是很难的一件事。

汉能18年来只干了一件事情，就是清洁能源：风电、水电、太阳能。现在，汉能是我们国家最大的民营经济发展企业，我们有600多万装机量。大家知道我们的太阳能是全球老大，我们的对手利用8年时间，就是240万装机，汉能利用3年时间超越了它；对方只有两条经营路线，而我们有8条，也是全球薄膜太阳能的最高水平。为什么汉能会有今天的成绩？就回到我刚才给大家讲的一句话,我们从成立那一天起,就坚持一个理念,用清洁能源改变世界,只做清洁能源。在座各位知道18年干一件事不是那么容易,我不知道在座各位是不是也有这种体会,这是第一。

第二,企业家要有很强的战略思维能力,包括战略判断能力和战略把握能力。什么叫战略把握能力?我想各位企业家不管大小都有体会,就是要把握好节奏,什么是跨越?什么叫停止?什么叫粗放?什么叫信念?都需要非常高超的战略把握能力。汉能在金沙江中游建立了一个电站,总共300万平方,投了206个亿,汉能干了8个年头。当时,包括汉能自己的员工、高管都全上阵,尽管当时专家都认为不可能完成,但现在证明当初的决定是多么的正确,欢迎大家去参观。

这就是感知力,在事情还没有发生的时候,你能够以已经发生的心态去干这件事情,这种感知力非常重要。在20世纪90年代初的时候,大家都不看好电力行业,不知道大家有没有体会,当时国家也暂缓电力行业的投资。但是,我本人以及汉能全体员工都觉得电力是有增长的,一定要坚持,后来也证明汉能是对的,后来甚至出现多次电荒,电价开始上涨,可见当时战略判断的重要性。

企业家精神第三条——坚韧不拔的意志。我自己创造这个词给大家贡献一下,"逆商"。什么意思?逆境下能够扛住压力,这是所有企业家最优秀的品质。而且,超强的能力,往往在逆境下成长。在坚持战略的同时,要忍得住寂寞,抵得住诱惑。刚才我说到那个电站,其实汉能坦白讲就抵住了诱惑,投200多个亿,很多国有企业觉得汉能不可能做成,民营企业干这个项目大家可以想象压力很大,天天刮风下雨,非常非常艰难,很多朋友都劝我，私下讲把它卖了一定能赚个大钱、快钱。

当时，确实有很多有实力的企业，包括三峡集团都出了很好的价钱，要买我们的项目。那时候，大家知道金融、房地产风生水起，但是我们抵得住诱惑。我跟大家共享一句话，要坚持到"上帝出手相救之时"。所以金沙江电站之所以成功，就是因为抵得住诱惑，能坚持。当时能源局局长去了现场说了一句话，"没有想到你真干成了，我本来以为你干不成的"。这句话我印象非常深刻。

第四点，就是要把握商场的灵魂，就是一个字，信。我觉得信是软实力。信分3个层面，第一，就是你要有自信，人若不自信，谁能信你？自己都不相信自己，谁能信你？这个非常重要。这8年我们最大的收获就是自信，我们证明，只要自信，很多东西都能克服。第二，就是我们平常所讲的信誉，汉能到目前为止做民营企业，不管多困难，我们都坚持下去。第三，要别人信你，这个挺难做到，现在不管是哪个地方政府，当他们得知汉能把那个电站干成并且发电的时候都另眼相看。

我给大家讲一个故事，大概两年前，全国工商联有一个会议，在吃饭过程中，有个人跟我说，希望汉能去他那里投资，我说我一定去看一下，考察一下。当然大家知道这是客套话，但是我派了一个团队去考察，完全是因为我说过，为了兑现我的承诺而去，也没有真的想在那儿投资。但是，去了以后，感觉非常好，觉得有机会。一个星期以后，那个书记到汉能来考察，说了一句话，如果汉能真的把300万千瓦水电站干成的话，什么都不说了，我们就进行合作。后来我们（商讨的）那个项目现在已经投产，全球单产量薄膜最大的量。这就是汉能的信誉，第一我们自己有自信，第二别人信你。

我老讲一句话，商场上别人不信你，你还怎么弄。这个项目100万元的投资，如果不信你，别人可能会觉得你这钱是偷来的。所以，在商场上信誉是最难最难的事情，这就是我跟大家分享的第四个观点。

第五个观点，要永远修炼。我想"学习型中国"这个话说得比较多，在修炼的时候要深化企业家精神，企业家修炼多高，你的企业就能多大，这个大家深有体会。首先，我觉得要修炼自己的情商，学会控制自己的情绪。同时，能够通过某种方式，用坦诚来带动和控制别人的情绪。刚才徐总就非常厉害，把别人的情绪带动了起来，这是情商很高的表现。

要修炼自己的脾气。我觉得在座各位，包括我本人，有能力的人大部分脾气不好，急性子，所以要驾驭自己的脾气。一般来讲脾气分3种，第一，有脾气没能力；第二，有脾气也有能力，像我们这样的；第三，没脾气，但有能力，这是很高的境界。我现在没做到，我想在座各位也不那么容易做到，这是第一点，做情商的修炼。

第二点，修炼第二层意义，就是要经历磨难，只有经历磨难才能成长，承担更大的责任。我爱讲一句话，人要谦虚低调，低调不等于低能。无敌（有）两层意思，第一层没有对手，第二层意思，没有人与你为敌。汉能就是这样做的。

第三点，要修炼操练能力。一个真正的企业家不是一个有理想不操练的人，最优秀的企业家应该是又能说又能干，差一点不会说但是会干。因为，我们在座企业家很多都是草莽英雄，英雄莫问出处，不见得有很高的演讲能力，光会干。习总书记讲的

"空谈误国，实干兴邦"，作为企业家要有血有肉，不能光盯着一件东西。

那么，修炼的最高层次，就是知止而胜，也就是做任何事情，千万别过头，要留有余地。中国企业家绝对不缺乏战略眼光和战略精神，但是缺乏什么？战胜自我，抵住诱惑的反向修炼。

我爱讲一句话，不要以为自己无所不能，凡事都能恰到好处，就是我们中华民族文化所谓的中庸。什么是中庸呢？不同的人有不同的理解，我理解的中庸就是刚才讲的恰到好处。那么，真正的成功就是把各种条件因素交集在一块儿的水到渠成。

所以，我相信，修炼会伴随所有企业家的一生。创业多年，我体会比较深刻的一点，与其早成功，不如晚成功，与其晚失败，不如早点失败。因为，人总归要失败的，晚成功是个比喻，别太急躁，晚成功是种境界。我还有一个体会，我今天讲的都是干货，一个人20多岁取得成功，30多岁取得成功很难维持20年，（很快）就会走下坡路。40多岁取得成功的人，我觉得可以领先30年，50岁成功的人可以一辈子辉煌。

所以，我觉得这是大历练大成长，小历练小成长，凡是要大成长就要大历练。什么叫大历练？我给大家讲一个体会，我觉得8年以上的磨难叫大历练，这个8年很奇妙，很有意思。大家注意历史上很多成功历史，很多王侯将相都有大历练，还有我们的"8年抗战"，也干了八九年。

第六，企业家精神就是爱自己的国家。关于这一点我讲企业家幸福模型，不知道大家听过没有。不同的背景，不同的宗教，不同的文化，企业家是不一样的，有的爱国，有的勤劳，有的创新，等等；美国有美国企业家精神，中国有中国企业家精神，印度有印度企业家精神。但是，所有精神里面有一样共性，是什么呢？都爱自己的国家，没有企业家不爱自己的国家。如果一个企业家不爱国，那就是没有精神支柱。

另外，企业家要懂政治，但是不要为了政治而政治。我感觉到（有的人只要）成了点事，就以为他要当总理了，很多企业家有这样的心态。我想永远把握住自己是一个企业家（必须做到的，企业家）所做一切都是为了企业发展，不要丢了自己的本分。

第七，企业家要有使命感。上面我已经说过企业家的理念理想，提到企业家的品德，说到了爱国，所有这些企业家精神的重要品格凝聚为一点就是使命感。我们中国民营企业家要为国家，为民族，乃至为全人类做贡献，大企业有大使命，小企业有小使命。汉能18年，干了600万千瓦水电装机，汉能完全可以不干了，我完全可以天天打高尔夫，为什么汉能（还在继续干，要去）面临这么大的风险？我们确实感到一种使命感，有使命把中国太阳能行业，特别是把第二代薄膜产业做起来。现在，汉能不负众望，就在眼前汉能有一个战略向全国发布，汉能是全球最大的薄膜太阳能产业，规模第一。汉能的技术水平最高，表明了中国技术水平也最高，所以这是我讲的第七点。

第八点，要把握大势，顺势而为。在中国本土成长起来的企业家，我刚才讲了我们永远在风浪中前进，我们是从死人堆里爬起来的。我认为中国企业家最根本的东西，归根到底就应该有中国底蕴，国际视野。外面那些东西说难听一点，没什么难学的，我们中华文化上下5000年博大精深，外国人想学谈何容易，不是那么容易的。

所以，这是外国人永远学不了的，这是我们中国企业家的核心竞争力。人们常说三分天定，七分努力，但我认为不一样，我认为五分天定，五分努力。有的人觉得自己命运不好，怎么改变自己命运？办法有，跟好运的人在一起，跟好运的团队在一起，就能改变自己的命运。党的十八大召开，昭示着新的时代来临了，这就是大势。所以，一句话送给大家，国运则我运。

在这里，我最后跟大家分享一个观点，根据目前中国的现状，国家要富强，民族要振兴，我觉得特别需要两类人，哪两类人？第一类是具有改革意识的政治家，第二类就是在座各位，听得见炮声，看得见硝烟，站在一线有实操能力的草根企业家。

所以，我想这两类人非常幸运，只要大家相信，中华民族的伟大复兴肯定实现，今天就讲这么多，谢谢大家。

附 录

汉能，因祖国强大而强大
——李河君当选2011年中国非公有制经济十大先进典型获奖感言

我是汉能控股集团的李河君。汉能是一家以水电、风电、太阳能发电为主业的民营企业。

20世纪80年代末大学毕业后，我放弃国家分配，选择下海经商。从卖电子元器件开始，涉足过国内贸易、矿业开采、矿泉水生产、房地产等行业，到1995年，公司已经积累了上亿元的资金。

完成了初步积累，反而有几分失落。赚了些钱，好像并没有抚平我内心的一种冲动，也无法满足我全部的追求。什么是好企业？什么是真正的企业家精神？这个问题一度困扰着我。是选择赚钱的行业，还是选择我喜欢的行业干事业？正在我苦寻答案之时，一次偶然的机会，我接触到了水电行业。

20世纪90年代中期，大家都不看好电力行业，国家也基本暂缓了对电力的大规模投入。但是，我坚信自己对未来的判断，市场对电力的需求一定会出现持续快速增长。我对中国未来充满信心，对能源行业充满信心，这就是我要找的，能够干一辈子的行业。就这样，我处理掉其他业务，把全部的人力、物力、财力都投进了清洁能源行业！

事实证明我的判断是正确的。几年后，电力供应由过剩变成短缺，甚至多次出现"电荒"，电价逐年上涨。我们从几万千瓦的小水电开始干，一直干到十几万千瓦、几十万千瓦，积累了资金，积累了经验，建设了一支国际一流的水电专家团队。我期待着有更大的舞台展示我们的力量，我等待着新的机会。

2002年，中央统战部等组织民营企业赴云南进行投资考察。当时云南省有1亿千瓦水电资源处于待开发状态，省委省政府迫切希望民间资本进入。这是个历史机遇！我立刻决定，投资10亿元，开展金沙江中游流域水电项目的前期工作。此举受到当地政府高度认可和欢迎。很快，云南省和汉能正式签署了投资近200亿元、一期240万千瓦，两期总装机约300万千瓦的金安桥水电站项目开发协议。这是国内第一个也是唯一的一个民营企业建设的百万千瓦级特大型水电项目。

水电项目投资规模大、回收周期长，几十上百亿元投进去，少说七年八年都不会有半分钱的收益，一般只有实力强大和政策支持的国有企业才能干。世界闻名的胡佛大坝，总装机210万千瓦，是由美国政府投资、至今为止美国最大的水电工程，是当年美国实力的象征。我国20世纪80年代的葛洲坝水利枢纽工程，总装机271万千瓦，倾国家之力建设，前后花了16年时间。而今天，一家名不见经传的民营企业，竟敢承担超过葛洲坝总装机容量的特大型水电项目，当时没有几个人能够相信。

于是，业内外响起了一片质疑声。有人说，汉能是在炒项目，打算将来卖个好价钱；也有人讲，汉能是在抢资源。但我内心坚信，金安桥项目就是我要做的事，干这样的行业也符合汉能的企业精神。中国能源行业的主力军就应该有我们民营企业的身影。我们具备足够的专业能力和实力，一定能把金安桥项目建成！

　　民营企业做这样的工程，经受的波折和承受的压力超乎想象，没有相当定力是没法坚持下去的。8年来，资金像磨盘一样，无时无刻不压着我们。面对高峰时每天1000万元的投入，我们把前些年建设的、效益好的优质电站一个一个地出售，这些项目每个都凝聚着汉能人的心血。这期间金融、房地产等行业风生水起，很多朋友劝我，别撑着了，把金安桥项目卖了吧，一定能赚快钱，一定能赚大钱。当时也确实有一些实力雄厚的企业出了很好的价钱。要知道，在最困难的时候，这种诱惑往往是成倍放大的。但是，汉能承载着这么多人对中国民营企业的信任和支持，这么多员工跟着我流汗、流泪，我不可能从自己认准的这件事上退下来！最后，我们把多年来攒下来的风险准备金全部投了进去，把从有些高管家里借来的钱也投了进去……

　　当2011年3月金安桥第一台机组并网发电的时候，我和汉能人望着金沙江上那巍峨耸立的640米长、160米高的大坝，望着那奔腾而下的激流，望着那指向天边的高压线塔架，万分感慨，受的这些罪值了，流的这些泪痛快！

　　经过8年的努力，金安桥项目得到了主管部门和业界权威人士的高度评价，被誉为民营企业进入国家大型基础设施行业的标志性工程！很多人后来跟我讲："没想到你真的干成了！"

　　目前（2011年），通过对以金安桥为代表的国内外水电、风电项目的投资，汉能拥有的水电、风电权益总装机约600万千瓦，规模相当于三峡工程的1/3左右。

　　汉能在为中国发展贡献一份动力的时候，自己也获得了丰厚的回报——每年拥有了稳定现金流。这对我来说又是一次考验。

挣快钱，改变企业发展方向、做低风险的投资，这些都没成为我们的选项。坚持干自己喜欢的事情，干祖国强大需要的事情，我们才能找到归宿感，才能体会成就感。同时，我也感知到，更大的使命在后面。

在水电项目建设的过程中，我们始终没有放弃对其他清洁能源的研发和探索。早在2004年，汉能投入大量资金，分别对潮汐能、秸秆发电、地热能、燃料电池、太阳能等清洁能源进行深入的研究和探索，最终我认定，太阳能光伏产业最能代表未来新能源的发展方向。

虽然目前太阳能发电成本较高，但随着技术的发展，每度电成本在降低。所有的化石能源，发电成本如果把环境成本计算进去，都在上升。我判断2015年后，此消彼长，两者成本将持平，这将是新能源发展的里程碑。大家知道，英国人领衔了以蒸汽机为代表的第一次工业革命，美国人领衔了以电气化、信息化产业为代表的第二次、第三次工业革命，以光伏产业为代表的新能源将引领第四次工业革命，这次我们中国人要领衔一把！

使命点燃了激情，我们的行动是坚定不移的。我果断地放弃了其他投资方向，率领汉能进行第二次战略升级，投资约230亿元进入太阳能光伏产业。我们精心布局，自主研发，掌握了太阳能薄膜电池、柔性电池的核心技术，并形成了从高端装备制造、电池板生产到太阳能电站建设的全产业链运作模式。目前，我们已经在全国建设了8个太阳能电池研发制造基地，其中广东河源和四川双流两个基地已经建成投产。预计到2012年年底，8个基地将全面投产，每年产能将达300万千瓦，相当于为国家每年新增发电量约45亿度，能够满足一个超过1000万人口的城市一年的居民生活用电，而且是无污染的太阳能！

经常有朋友问我，汉能完全可以急流勇退，为什么还要进入投资规模更大、技术风险更高的太阳能行业呢？我认为，对中华民族复兴的信心和信仰，一旦融到企业家的血液里去，就一定能产生一种无穷的动力。汉能有今天的发展，是顺应了中国发展的大势。汉能，因祖国的强大而强大，也理所应当以更大的业绩回报我们的国家，为祖国的强大而拼搏。现在，在自我发展的同时，汉能还带动了1026家中小企业的发展，创造了20万个就业岗位。随着汉能的强大，我们能做的贡献将会更大！

最后，我想和大家分享一下自己多年来的深刻体会，那就是我们往往高估了1～2年的变化，而低估了5～10年的变化。1～2年的变化往往令我们失望，而5～10年的变化往往给我们惊喜。因此，我相信，未来的5～10年，中国的发展，国家的强大，必将超乎我们所有人的想象，必将无比辉煌！

中国，可再生能源经济发展之典范
——2015年1月李河君于《金融时报》发表的署名文章

近日，将近200个国家的政府代表齐聚秘鲁，共同商定关于全球减排的草案初稿。2015年，巴黎将会迎来新一轮气候谈判。要遏制全球气候变暖，世界各国必须利用可再生能源。有人在寻找可再生能源应用领域的模范，其实大家不妨看一看中国，虽然这一提议可能会让一些人惊讶。

尽管外界关注有限，但中国已经开始了一场能源革命，这场革命将会彻底颠覆人类能源利用的方式、改变人类能源利用的观念，为可再生能源带来更多的应用途径。

中国在可再生能源方面做出的承诺在西方国家遭到许多人的质疑。这种质疑因为中美近日签署的关于解决气候变化问题的协议而变得更加明显。在协议中，美国承诺到2025年其排放量比20年前减少至少26%。同时，中国承诺将扩大可再生能源的应用，到2030年使可再生能源在其总能源中所占的比例由8%（2014年数据）提升到20%，届时其排放量也会达到峰值。该协议被批评家们视为"没有约束力的幌子"。批评家们指出中国每10天就建成一座新火电厂。

的确，中国要实现可再生能源目标并不容易，但是中国的可再生能源目标并非空话。中国领导层认识到，若要满足新兴中产阶级和不断发展的经济所激增的用电需求，且不以空气质量为代价，不让整个国家被雾霾包裹，中国就必须打破对煤炭的依赖。可再生能源目标对中国的长期能源安全也是必要的，因为无论是煤炭、页岩气还是其他任何化石燃料都无法保证未来的能源安全。

质疑者还忽略了这样一个事实：中国的2030年目标并非是没有政策基础的激进行为，相反，它有现实基础做铺垫。2013年，中国是世界上可再生能源领域的投资大国，中国的水电装机容量和风电装机容量均是世界领先，并在太阳能的新安装量方面超越德国领跑世界。

新目标将会引发可再生能源领域的投资热潮。下一个10年里新增发电量的规模将会重塑中国可再生能源市场，随着政府补助逐渐减少，竞争力薄弱的企业将被淘汰，剩余企业对市场份额的竞争则会提高效率，推动技术创新。

我相信，太阳能将会成为这场技术进步的先驱。太阳能的价格很快就会变得更实惠，现在的太阳能发电成本已经比3年前降低了50%。在中国，太阳能发电成本已经降到每度电不到1元人民币。如果继续保持这样的趋势，我预计3～5年之内太阳能电池的发电成本将会接近火力发电成本。

除了成本降低外，更让人兴奋的是电力应用和输送的新方式。中国现在决心发展分布式电网，把太阳能发电产品集成到建筑物上，让其在靠近用电需求的地方发电，并且实现千万家屋顶互连。目前使用的集中供电系统依赖于大型火力发电厂，在数百公里甚至数千公里的电力输送中存在浪费和低效的问题。而新的智能电网则大为不同，它能帮助消除污染，削减成本，增强可靠性。

除了让分布式电网成为可能，太阳能技术应用的新形式还引领了移动电源的发展，使消费者不管走到哪里都可以把电源带在身边。

目前，世界上大约90%的太阳能发电依赖于第一代晶硅体电池板，在很长一段时间里它都是可以利用的最高效的技术。但是传统的硅板质硬、不透光、沉重，而薄膜太阳能技术则具有质轻、柔性化和透光的优点，这些优点使其应用广泛，既可以被安装在有弧度的车顶，也可以被内置在消费者的衣服或者便携式发电站里。

近年来，薄膜技术无论是在转化效率还是在成本控制方面，都已经追上甚至超过了晶硅材料。不仅如此，生产薄膜电池所需的材料和能量都只是生产晶硅材料的一小部分。因此薄膜技术能够节约资源，降低成本，减少污染。

未来，技术会进一步发展，成本会进一步下降。太阳能技术领域最有前景的两项技术是铜铟镓硒太阳能电池和砷化镓（GaAs）太阳能电池，其最高转化率分别是21%和30.8%。随着对太阳能技术的进一步开发及其大规模进入市场，人们将能够在合理的价格内把太阳能电池板安置于几乎任何地方，比如缝在一块布上、内置在一个产品里或安装在某个建筑物上。

我相信，中国将会成为引领这场能源革命的国家，因为中国现在不仅拥有生产能力，而且拥有必要的资金实力、人才储备和政策支持。

在过去两年里，汉能收购了拥有顶尖薄膜技术的美国和德国企业，目前正在探寻利用薄膜技术的最佳途径。然而，在这个过程中也有一些困难需要克服。要增强可持续的生产能力，则需要预先对核心资源和生产设备进行巨额投资，但这些投资都是值得的，未来会获得回报。在汉能，来自美国、欧洲和国内的科学家们正在共同努力，探寻能够整合和优化全世界太阳能技术的创新途径。

每一次重要的工业革命事实上都是能源革命或者说是新能源取代旧能源，先是煤炭取代了木材，然后是石油取代了煤炭，现在轮到了清洁能源取代传统的化石燃料。第三次能源革命并不是资源的竞争，而是核心技术的竞争。我认为中国将会引领世界走向更加光明、更加清洁的未来。

2012年9月李河君
接受《英才》杂志采访摘录

《英才》：我们最近也采访过一些火电企业的老总，他们认为火电的主流地位至少30年是不会变的。你怎么看光伏等新能源替代传统能源的时间点？

李河君：或许，只有来临的时候，他们才会相信。我认为首先光伏替代火电的时代已经来临，但什么时候能替代掉，全部用太阳能，不好说，也许30年、50年，也许只要20年。另外，要建一个300万千瓦规模的水电站或者核电站，需要8年时间，而一个光伏电站8个月就能完成，建设速度是水电核电的10倍。

能源革命的核心内容之一就是人类利用太阳能的方式发生了根本性的变化，从燃烧间接取得能量到直接取得能量，这是很重要的一个事情。也许30年、50年以后，人类能源不但不会短缺，还可能会过剩。

《英才》：你是2006年开始关注光伏领域的，恰巧那一年，美国第一太阳能公司在纳斯达克上市，一年内股价上涨了888%，这是否也是刺激你进入光伏的一个原因？

李河君：坦诚地讲，2006年时，我对太阳能一窍不通，后来当上新能源商会会长，才开始做研究，有3年多的时间。起初，我很不看好光伏，因为水电成本1毛钱，太阳能3块钱，我常笑他们搞什么名堂。但太阳能发电成本从3块钱降到1块钱，只用了3年时间。

我真正动手做薄膜电池是在2009年，一上手就是2GW，那时候国内最大的薄膜电池企业也才25MW，相差80倍。一些业内人士和媒体都笑我们，有条件上规模做多晶硅却做薄膜。第一太阳能是美国光伏业的王牌公司，奥巴马到哪儿都带着这个公司，大股东是沃尔玛。他们干了8年，（实现）2GW的产能。我们利用非常短的时间超越了他们，今年年底汉能就达到3GW的产能了，而且我们CIGS的转化率也超越了他们。

《英才》：这几年，全国各地一窝蜂地投建光伏，市场也出现了剧烈的变化，汉能没有考虑过尝试其他产业？

李河君：从1996年到现在（2012年），我们一直干一件事，就是清洁能源，从没变过。从水电、风电到光伏第二代、第三代，其实也是我们的产业战略升级的过程。汉能和这个行业里的很多企业不同，这是我们的老本行，只是我们在原来的水电、风电业务基础上，扩大了光伏业务品种。

《英才》：汉能进入光伏领域后，选择了一个门槛更高的技术路线，但薄膜电池技术也并不算成熟和完美，为什么这么确定薄膜一定能够替代晶硅？

李河君：做企业，企业家的战略方向是非常重要的。我是学工科机械工程的，对技术理解非常快。汉能研究了3年，才选择了薄膜路线。薄膜生产过程中低能耗，无污染，能做成半透明和柔性电池，易与建筑一体化结合，因此特别适合拓展分布式、自给式应用。现在整个世界的技术有一个趋势，就是变得"更轻更薄"。所以我觉得，在太阳能领域，薄膜也会是最终大趋势。

第一太阳能也做薄膜，他们的碲化镉技术门槛很高，大规模远离城市发电是没有问题的，但镉对环境的污染是非常严重的，现实情况也证明这个技术路线的巨大风险。汉能走的薄膜路线，包括以硅基为基础的薄膜，包括CIGS，几乎零污染。当时没人看好这个路线，现在业内看来却变成了主流路线。其实，对这个行业的理解特别重要，不是有钱就能做。

《英才》：你有一个比喻是说晶硅电池就像是CRT电视，薄膜是液晶电视。其实，在彩电行业里面，中国企业在技术上一直是跟随战略。在光伏技术上，我们会不会也跟着别人走？

李河君：我在无数次的演讲中都讲过了，中国光伏产业的技术不比美国人差，甚至我们的核心技术比美国都强，连美国能源部长也承认这点。另外，光伏产业是需要制造业为基础的，这点美国很难跟我们比。我们的问题是产业化程度没有人家好。

其实，新能源行业的核心技术并不在美国，而主要是在德国。欧债危机愈发严重，现在大部分光伏企业都不死不活的，所以现在汉能一面做研发，一面大量收购国际技术。两个结合，嫁接升级。

《英才》：现在汉能的硅基薄膜电池光电转化率是10%，但多晶硅电池的转化率可以达到17%。转化率低，如何赚钱？

李河君：这是个伪命题。很多人不太了解，发电最终归结到每度电成本多少钱，也就是每瓦造价。例如，我们的薄膜电池每瓦成本可以做到只有50美分，多晶硅现在大概是70～80美分，我们大概便宜30%～40%左右。

现在水电每千瓦造价大致在1.2万元人民币，太阳能的每千瓦造价现在也是1万元左右，但太阳能平均发电时数只有1300小时，水电可以达到4000小时。当然，太阳能的转化率会越来越高，所以每瓦成本还会下降。

《英才》：新能源市场有个现象，政府政策一出台，就会带动一轮投资。现在的这个市场，比如光伏产业，到底是政策驱动效应明显，还是市场本身的增长更明显？

李河君：中国的新能源产业政策非常不到位，政府已经意识到这个问题了，也正在做调研。我们都知道，现在新能源有很多靠补贴，但补贴的目的是将来不用补贴，要光伏发电平价上网，老百姓都能用到，这是根本。永远补贴的市场肯定没有前途。欧洲明年下半年新能源就平价上网了，我们要到2020年才平价上网。整个行业还是受制于政策。

《英才》：在新能源"十二五"规划中，分布式光伏发电被摆在了一个重要的发展内容上。不少人看好光伏建筑一体化的市场前景，那么现在推进光伏建筑一体化的主要瓶颈在哪儿？

李河君：有很多，电网就是非常难搞的一件事。光伏建筑一体化也需要电网，只是说对电网的需求低一些，只要允许自发自用就行，不够用了再买电网的电，这个应该能做到。但如果自发电要上网，对冲电量、按净电量结算，就需要电网改革，允许大量新能源上网，这个思路非常好，但电网不解决，谁也弄不了。要么就是解决储能技术，不需要上网，全部独立式发电。当储能没解决的时候还需要电网。

《英才》：这是否会像新能源汽车一样，理论上有一个很好的前景，但实际上市场和预期之间有巨大的差距。你也说汉能真正的挑战是在明年（2013年），那如果这个预期的挑战和实际的发展节点并不统一会怎样？

李河君：有可能。因为新能源替代传统能源的时间点来了，但提速有多快，会不会出现阶段性的倒退，在现在的大环境下，都有可能存在。那就小打小闹也行，也将是几百亿元的市场。

我的判断会不会太乐观呢？在德国，2020年可再生能源发电量要提升到20%，这个量就已经非常大了。我们觉得新能源汽车在中国还是很遥远的事情，可人家都已经开始玩光伏飞机了。

当然，我们有很多客观原因，我们的光伏产品都卖给国外了，挣钱快；另一方面政府对这块的支持没上来。我们最坏的情况也就是自己生产自己用，发电卖电，这是我的老本行。

《英才》：汉能在光伏领域已经投资了300亿元，但其实对于大型国企来说，只要他们重心放在这个领域上，未来薄膜电池竞争也许会很激烈。

李河君：新能源领域变化很快，国企应对市场的能力弱，决策的可持续性也不太具备，钱多只是若干个成功因素里的一个，所以他们很难干。面对这个市场，我非常有自信。

《英才》：你是一个强势的人，也是企业的最核心。但这是否也意味着，你的决策失误，没有人能够纠正得了？

李河君：随着汉能的成长，企业的决策机制会越来越规范。决策到我这里的时候，可能已经有若干个意见出来了。一个企业家的判断力，在于所有信息对称的时候，准确率会很高，他判断错误在于信息不对称，比如最坏的状况他并不知道。

《英才》：你们的企业文化里有一句是"汉能，没有不可能"，这很容易让人联想到以前所说的"人有多大胆，地有多大产"，你的想法会不会过于主观了？

李河君：其实，这是指一种创新的理念，并不是要脱离实际。这就是告诉人一种精神：做事的时候，不要什么事还没干就先说不可能。其实，对于我们这些企业家来说，进取心并不缺乏，否则也不会走到今天。缺乏的是如何停止，上帝欲使其灭亡，必先使其疯狂。汉能在外界看来做事比较疯狂，但这是不同的阶段，我觉得很理性。

2014年5月李河君
接受《公益时报》采访谈慈善

《公益时报》：你和汉能投身公益的初衷是什么？

李河君：其实做企业本身就是在做公益。为什么呢？企业是社会劳动力最大的载体，现在社会90%的就业机会都是民营企业提供的。有了工作，大家首先就能养家糊口，然后是自我价值得到体现，最后形成社会安定繁荣。

大家都知道，汉能是做清洁能源的，从一开始干水电站到现在发展薄膜光伏，20年来一直都在做清洁能源。我觉得这就是汉能也是我个人的使命：用清洁能源改变世界。我觉得这是最大的公益。

《公益时报》：做公益给汉能和你本人带来了什么影响？

李河君：对我本人来说，感觉更有使命感、责任感。对于汉能来说，企业社会责任已经和公司的整体战略相结合，并且融入了我们的企业文化。

具体到我们的公益项目，我觉得做公益不光是为了帮助别人，也是在为自己投资。不管是个人还是企业，在这个社会上都不是孤立存在的，我们所在的社区和谐发展了，社会繁荣了，个人和企业才会有更好的发展。

《公益时报》：前不久，马云接受采访谈裸捐时说，"比金钱更重要的，是大家先学会做公益"。你怎么看待捐多捐少和公益做得专不专业的问题？

李河君：我觉得这句话基本正确，大家捐钱的前提是相信你有合理、可信的机制和方式来管理和使用善款。公益的概念已经在企业建立起来了，现在中国的企业都在做公益，而且比着拼着做，这个氛围很好，但是我们更看重效果。前两天，我看一个报道说，汶川地震的有些救灾物资放了7年，已经发霉腐烂。我觉得捐多少都不重要，也没必要去跟人家拼，这个没有意义。汉能更倾向于开发自己所擅长并且可持续发展的公益项目。同时，我们也组建员工志愿者团队，发动员工，也是企业文化的一部分。

《公益时报》：汉能在做公益的时候，怎样选择公益行业内的合作伙伴？

李河君：汉能是做企业的，这才是我们的专业。所谓术业有专攻，企业的爱心需要专业的公益机构来传递和实现，但的确现在中国的公益行业起步比较晚，专业机构也比较有限，所以我们选择合作伙伴很谨慎。

我们自己有专业团队来对合作伙伴做全面评估。比如，合作单位有没有实际可行、成功的项目，有没有渠道，有没有政府支持，团队是否正规专业等。例如我们和中国下一代教育基金会中华英才培养专项基金合作开展的"寒门英才培养计划—汉能助梦行动"，这个项目的基础就很好，依托清华附中优质的教育资源。这对于来自偏远地区、家境贫困但天资聪颖、具备上进心的学子所产生的影响是不可估量的，很可能就此改变他们的一生。

《公益时报》：你在5月5日的2014寒门英才计划启动仪式上说，汉能此后公益的主要关注点在教育和艾滋病防治上。为什么会选择这两个方向？

李河君：从大的方面来讲，教育和医疗一直是中国急需公益力量介入的领域，同时也是最能看到成效的领域。

我自己就出身寒门，后来我考上了北方交通大学，就是现在的北京交通大学，学机械工程，后来开始干水电站。所以，我自身的经历很好地说明教育能给一个人带来的影响，所以我希望能为更多像我一样的寒门学子提供一个机会，使他们都可以追逐梦想、实现梦想，也为中国培养更多的栋梁之材。

艾滋病防治是汉能一直在做的，可以说成了我们的传统了。中华红丝带基金一直跟着汉能，他们的秘书处就在汉能，我们为他们提供办公室。我们联合了全国工商联旗下很多企业一起做艾滋病防治，因为我们相信人人都享有健康权和尊严，我们希望中国企业将在艾滋病防治中发挥越来越重要的作用。

现在我们的寒门英才和艾滋病防治项目已经有了一定的基础，取得了不错的成绩。

《公益时报》：在支持教育方面，为什么会以寒门英才计划这样的方式选拔寒门学子，而不是向学校、学生捐赠等其他可以覆盖更多学生的形式？

李河君：我一直以来就有个教育梦，汉能有个"汉林院"，这是我们内部培养领导人才的地方。同样，我们也希望寒门英才培养计划能成为"小汉林院"，为国家储备人才。所以，比起盖楼、捐赠等，我们感到对他们（寒门学子）有更多的责任。这个项目为他们提供的不仅是学习上的提升、生活上的资助，更多的是心理、道德修养、社会见识等全方位的培养，帮助他们形成正确的人生观、世界观，点燃他们改变命运的梦想，这是单纯的金钱或物资的捐赠所无法替代的。

《公益时报》：公益领域近几年饱受质疑和争议，你认为企业在公益慈善中应该担当怎样的角色和作用？

李河君：我认为企业是公益慈善的重要承担者。现在没有人觉得企业仅仅只会捐钱，当然提供资金支持是公益很重要的部分，但我们越来越多地看到，企业在公益的各个领域和方面都发挥了非常重要的作用。这个作用可以是企业结合自己的业务，联合其他的企业或者公益组织，带动整个社区的发展；可以是企业开发可持续的公益项目，在某一领域做出卓越的贡献；也可以是企业支持自己的员工参加公益，把公益作为企业文化的一部分，影响千千万万的员工和他们身边的人。

《公益时报》：你怎样给汉能的企业社会责任定位？未来几年有怎样的计划？

李河君：汉能的使命是"用清洁能源改变世界"，我们的企业社会责任也是与此相关联的。我们希望通过不断的技术创新，为社会提供清洁动力的同时，积极承担对员工、对利益相关方、对环境和社会的责任。

未来几年，我们会继续开拓现有的企业社会责任领域，致力于教育和艾滋病防治，同时也将积极探索如何更好地利用自身优势，惠及更多需要帮助的人。